鎌倉・不《ふ》識《しき》庵《あん》

# 宗《そう》哲《てつ》和《お》尚《しょう》の精進レシピ

藤井宗哲・藤井まり

河出書房新社

# 宗《そう》哲《てつ》和《お》尚《しょう》の精進レシピ

## 目次

### 禅寺の伝統料理

### 和尚のとっておき

### 30分で作る四季の献立

## もどき料理

## 乾物を使いこなして

## フルーツが生まれ変わる

## こころ豊かに精進の知恵レシピ

## 家庭で作る精進のおやつ

## 精進料理でおもてなし



### 本書をお使いになる前に

●材料はすべて4人分です。
●分量の表記の大さじ1は15㎖、小さじ1は5㎖、1カップは200㎖です。
●精進料理はだし汁に削りがつおや煮干しは使いません。本書の材料にある「昆布だし」は、鍋に水とだし昆布を入れて（できれば3時間以上おく）火にかけ、煮立つ寸前に昆布を取り出したものを使います。分量は、水5カップに対して5㎝角のだし昆布2枚が目安です。
●調理課程でできる「干し椎茸の戻し汁」を調理で使う場合がありますが、〈材料〉にはとくに記載していません。分量は〈作り方〉に従ってください。

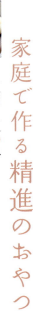

# はじめに

ぼくは五歳で禅寺の小僧になって以来、精進料理だけで育ってきた。今もそうである。

よく、「精進料理は手がかかるでしょう」といわれる。そんなことはない。素材に合わせて素直に料理すればいいだけのことである。

長じて、ぼくは修行道場で十年余り修行した。小僧上がりというわけで、修行中はずっと典座《てんぞ》を任されてきた。典座とは禅寺の台所役をいう。もちろん扱うのは精進物である。それも旬のものを。小細工などしない。ありのままを料理すればいいだけだ。自然は潤いがある。その潤いをいただいていれば、わが心身も潤う。あたりまえのことである。

精進料理には、小うるさい約束事などないが、砂糖はなるべく使わないでいただきたい。なぜなら、素材自体の持つ甘みを生かしたいからである。満ち満ちた大地の味をかみしめる。それが精進料理である。

精進料理で育ってきたぼくは、なんと贅沢してきたことか、しみじみと思う。

藤井宗哲

# 禅寺の伝統料理

鎌倉時代に禅僧の渡来と共に伝わり、
禅寺から公家・武士を経て、
庶民にまで広まった精進料理。
野菜のほかに、豆腐やごまなど、
植物性のタンパク質や脂肪分を含んだ食材を
うまく取り入れた料理には、無駄をせず、
素材の持ち味をそのまま生かす知恵が
たくさん詰まっています。
長い歴史の中で変わらずに受け継がれた、
精進料理の基本ともいえる料理を紹介します。

# ごま豆腐

ごま豆腐は精進料理の
王様といえよう。
工夫、発明は中国であろう。
おそらく、
鎌倉時代に来朝の中国僧が
持ってきたと思われる。
葛粉を練って仕上げた
舌ざわり。
ぼくは翁《おきな》と嫗《おうな》を思う。
その品のよさ。
精進料理に欠くことのできない
一品である。
夏は冷たく、冬ならば
しょうが味のあんかけもいい。
よく味わうと、
そのふくよかさにほっとする。
それでいて清楚である。
高貴である。

本格的に作るときはごまをすって使いますが、市販の練りごまを使えば家庭でも簡単に作れます。あれば皮入りの練りごまを使うといいでしょう。照りとコシのあるごま豆腐を作るには、よく混ぜながら火を通すこと。黒ごまを使ってもいいですし、ごまの代わりにくるみやピーナッツのペーストを使えば、くるみ豆腐やピーナッツ豆腐も楽しめます。

ごま豆腐をおいしく作るには、水、葛粉、練りごまの配合が決め手に。

フッ素樹脂加工の鍋を使うと、やりやすい。よく練りながら火を通す。

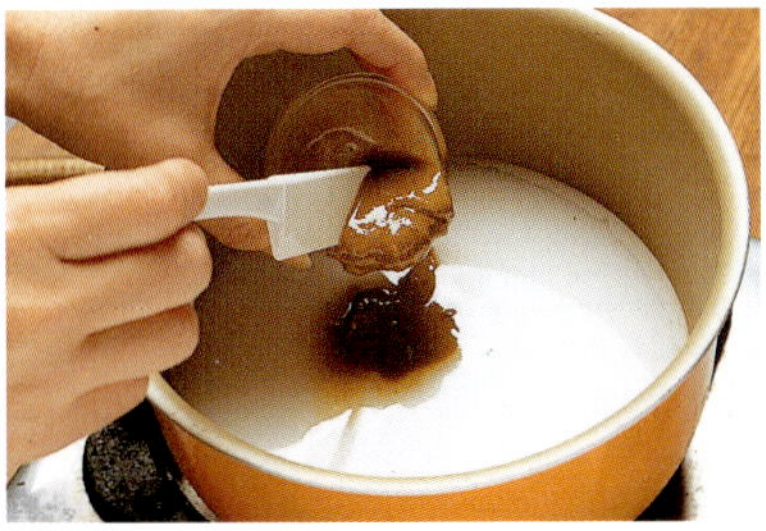
水で葛粉をよく溶かしてから、練りごまを加え、火にかける。

割り箸の上にのせると、底が早く冷める。夏は氷水で冷やすとよい。

**〈材料〉**（約12×8×高さ4cmの流し缶1台分）

練りごま（白）……大さじ2
葛粉……30g
水……240ml
しょうゆ、わさび……各適量

**〈作り方〉**

❶小鍋に分量の水と葛粉を合わせてよく混ぜ、葛粉が溶けたら練りごまを加え、よく混ぜます。

❷❶を中火にかけ、木べらでゆっくり鍋底からかき混ぜながら火を通し、固まってきたら弱火にし、さらに5～6分木べらで練りながら火にかけます。

❸水でぬらした流し缶に、❷を入れ、表面が乾かないようにぬれ布巾をかぶせて表面を平らにします。

❹ステンレスのバットなどに割り箸を2本おいて❸をのせます。周囲に水を張り、30～40分おいて冷やし固めます。

❺流し缶からごま豆腐を取り出して好みの大きさに切ります。器にしょうゆを敷いてごま豆腐を盛り、わさびをのせます。

◉ごまをすって作る場合は、いりごま1/2カップを一晩水に浸してやわらかくしてから、すり鉢ですり、裏ごしして使います。

# 建《けん》長《ちん》汁《じる》

本来、「捲繊」と書く。
中国では太めのせん切りに
したのではなかったろうか。
京都では今もそうしている。
ところが鎌倉では乱切りである。
油で炒めて、しょうゆで
下味をつけ、さらに炒める。
このときは茶飯である。
江戸時代は、
これを下町で荷売りしていた。
さらっとした茶飯と
この汁は相性がいい。
この取り合わせは、
江戸庶民の味である。
寺から町の粋だ。

鎌倉の禅宗の本山である建長寺に伝え広められた料理で、ごま油で炒めるのは中国伝来の調理法です。豆腐をくずして使うのは、全員に公平に行き渡るようにという知恵から生まれたもの。野菜は使い残しなど、あるものでかまいません。味をつけながら炒めるのがポイントです。残ったら、とろみをつけて、のっぺい汁にしたり、建長うどんで味わいます。

根菜類は大きさをそろえて乱切りにする。干し椎茸は戻し汁も利用する。

豆腐は軽く水けをきっておき、手でつぶしながら加える。

野菜を炒めるときに、しょうゆの半量を加えて下味をつける。

小松菜は最後に加え、ひと煮立ちさせて色よく仕上げる。

**〈材料〉**

- 大根……1/4本
- にんじん……小1本
- ごぼう……1/2本
- れんこん……小1節
- 小松菜……1/4束
- 干し椎茸……3〜4枚
- こんにゃく……1/2枚
- 木綿豆腐……1/2丁
- 昆布だし……3カップ
- しょうゆ……1/2カップ
- ごま油……大さじ2

**〈作り方〉**

❶干し椎茸は3カップ強の水で戻してそぎ切りにし、戻し汁はとっておきます。根菜類は乱切りにし、小松菜はざく切りにします。

❷こんにゃくは食べやすい大きさに手でちぎり、空いりします。

❸鍋にごま油を熱し、小松菜以外の野菜を固い順に加えて炒め、こんにゃくも加えます。しょうゆの半量を加えて下味をつけ、干し椎茸の戻し汁3カップ、昆布だしを加え、アクを取りながら、野菜がやわらかくなるまで煮ます。

❹豆腐を手でつぶして加え、残りのしょうゆを入れて調味し、最後に小松菜を加えて、ひと煮立ちさせます。

# 和えもの

ごぼうは、香りと歯ざわりが楽しい。
蒸してから、粗ずりの黒ごまと白ごまで和える。
単にお惣菜というなかれ。上品な味わいに昇華する。
ほうれん草はさっとゆがいて、ごま和えにしてもいいが、
ぼくはひと冬に何度かくるみで和える。
くるみのひなびた味を楽しむ。
ちょっと重量感があって冬ならではの楽しみである。
にんじんと京菜の白和えは、京都ならではの
お公家さんの味がする。雅である。

## ごぼうのごま和え

味の黒ごま、香りの白ごま、二種類を合わせて

〈**材料**〉
- ごぼう……1本
- 黒ごま、白ごま……各大さじ1
- みりん……大さじ1
- しょうゆ……小さじ1

〈**作り方**〉
❶ごぼうは包丁の背で皮をこそげ、太いところは四つ割りにし、5cm長さに切ります。
❷❶を歯ざわりよく蒸します。
❸ごまは軽くいってから、すり鉢ですり、みりんとしょうゆを加えて混ぜ、❷を和えます。

◉市販のいりごまも、軽くいってからすると、風味が断然違います。ごぼうはゆでるより蒸したほうが大地の香りがします。酢を加えてごま酢和えにしてもおいしい。

くるみは油が出るほどよくすること

# ほうれん草のくるみ和え

〈材料〉

ほうれん草……1束
くるみ……大さじ2
みりん……大さじ1
しょうゆ……小さじ1

〈作り方〉

❶ほうれん草はゆでて水にさらし、水気を絞ります。3㎝長さに切り、しょうゆ小さじ1（分量外）をかけて絞っておきます（これをしょうゆ洗いといいます）。
❷くるみは空いりして、すり鉢でよくすり、みりんとしょうゆを加えて混ぜ、❶を和えます。

豆腐にたっぷりの白ごまを加えた和え衣で

# にんじんと京菜の白和え

〈材料〉

にんじん……½本
京菜（水菜）……½束
木綿豆腐……⅓丁
白ごま……大さじ2
みりん……大さじ1
うす口しょうゆ……小さじ1
塩……小さじ½

〈作り方〉

❶豆腐は布巾に包んで重しをし、水きりします。にんじんは3㎝長さの細切りにし、ゆでます。京菜はゆでて、3㎝長さに切り、しょうゆ小さじ1（分量外）をかけて絞ります。
❷ごまをすり鉢ですり、❶の豆腐を加えてなめらかにすり混ぜます。
❸みりん、うす口しょうゆ、塩を加え、❶のにんじんと京菜を和えます。

# 煮しめ

精進料理は淡味を尊ぶ。
淡味とは薄味ではない。
仏教でいう「中道の味」だと思っている。
昔から中国では、
「濃《じょう》肥《ひ》辛《しん》甘《かん》は、真味に非ず、
真味は只《ただ》是《これ》淡」（洪自誠『菜根譚《さいこんたん》』）という。
味の濃いもの、脂ぎったもの、
極端に辛いもの、甘いものを
野暮と見なしている。
とりわけ煮しめはそうありたい。
第一、飽きがこない。
それと心が和む。
これだと思う。

煮しめといっても、砂糖は使わずに、淡味に仕上げるのがポイントです。淡味とは、薄味、濃い味のように、どちらかに偏った味ではなく、素材の持ち味を生かした味つけのことをいいます。冬なら、大根、にんじん、椎茸、里芋など、旬の素材を用いて、季節ならではの組み合わせを楽しんでください。

たけのこを煮てから、高野豆腐を加えて時間差で煮る。

ふきは板ずりして色よくゆでたものを、薄味でひと煮する。

〈材料〉

- ふき……1本
- ゆでたけのこ……1本
- 高野豆腐……2枚
- 昆布だし……2½カップ
- 酒……大さじ2
- みりん……大さじ1
- しょうゆ……大さじ1
- 塩……小さじ½
- 木の芽……4枚

〈作り方〉

❶ふきは塩（分量外）をふって板ずりし、さっとゆでて、水に取ります。皮をむき、5㎝長さに切ります。高野豆腐は熱湯に浸して戻し、食べやすい大きさに切り、たけのこも同様に切ります。

❷鍋に、昆布だし2カップ、酒大さじ1、みりん、しょうゆを合わせ、たけのこを5～6分煮ます。続いて高野豆腐を入れて2～3分煮ます。

❸たけのこと高野豆腐を取り出し、昆布だし½カップ、酒大さじ1、塩を加え、煮立ったらふきを入れ、ひと煮立ちさせて火を止め、そのまま味を含ませます。

❹❷と❸を器に盛り、木の芽を飾ります。

◉生のたけのこを使う場合は、先端を斜めに切り落とし、皮に縦に1本切り目を入れ、たっぷりの水にぬかをひとにぎり入れて1時間ほどゆで、そのまま冷まします。

# 合《がつ》さい煮

一切《いっさい》合切《がっさい》の合さいである。
精進料理はシンプルを好む。
が、時にはあらゆる根菜を煮ることもある。
建長汁がその代表であろう。
野菜の個性が出て、だから、
調味料もそう使わなくてすむ。
ぼくは和みの料理と呼んでいる。
食はただ生きるためではない。
心の調和を保つためだと思っている。
素材がよりそっている合さい煮こそ、
和みの食ではないか。

〈材料〉

| | |
|---|---|
| 大根 | 1/4本 |
| にんじん | 1本 |
| ごぼう | 1本 |
| れんこん | 1本 |
| 干し椎茸 | 2枚 |
| 厚揚げ | 1枚 |
| こんにゃく | 1/2枚 |
| 大豆の水煮 | 大さじ2 |
| 昆布だし | 3カップ |
| 酒 | 大さじ2 |
| みりん | 大さじ2 |
| しょうゆ | 大さじ2 |
| ごま油 | 大さじ2 |

〈作り方〉

1. 干し椎茸は水で戻し、1cm幅に切ります。大根、にんじん、ごぼう、れんこんは乱切りにし、ごぼう、れんこんは水にさらし、水気をきります。厚揚げは食べやすい大きさに切り、こんにゃくも食べやすい大きさにちぎります。
2. フライパンにごま油を熱して野菜を固いものから順に炒め、大豆、こんにゃく、厚揚げを加えてさらに炒めたら、しょうゆ大さじ1を加えて下味をつけます。
3. 昆布だしを加え、酒、みりん、残りのしょうゆを入れ、アクをすくいながら、野菜がやわらかくなるまで煮ます。

# 雲《うん》片《ぺん》

この料理は、野菜の葛煮である。
中国の隠元禅師《いんげんぜんじ》が来朝された折、もたらされた。
今も黄檗山《おうばくさん》萬福寺は、これを供応している。
野菜の切れぎれを、一片《ひとひら》の雲に見立てて、
そう呼ばれるようになったものか。
この雲片を汁仕立てにしたものが、
のっぺい汁である。
中国生まれだからといって、決して油っこくはない。
まことにさっぱりとした味わいである。

〈材料〉

| | |
|---|---|
| れんこん | ½節 |
| にんじん | ½本 |
| 里芋 | 2個 |
| ゆでたけのこ | ½本 |
| 絹さや | 7〜8枚 |
| ぎんなん | 8個 |
| 干し椎茸 | 2枚 |
| きくらげ | 4片 |
| 塩 | 小さじ½ |
| しょうゆ | 小さじ1 |
| みりん | 大さじ1 |
| 酒 | 大さじ1 |
| ごま油 | 大さじ1 |
| 水溶き片栗粉（片栗粉大さじ1＋水大さじ3） | |

〈作り方〉

❶干し椎茸は1カップ強の水で戻してそぎ切りし、戻し汁はとっておきます。きくらげは水で戻し、食べやすい大きさに切ります。

❷れんこん、にんじんは薄い半月切り、里芋、たけのこは薄切りにします。絹さやはさっと色よくゆで、ぎんなんもゆでておきます。

❸フライパンにごま油を熱し、れんこん、にんじん、たけのこ、椎茸、きくらげを炒め、里芋を入れ、塩をふってからしょうゆ、みりん、酒を加え、干し椎茸の戻し汁1カップを注ぎ、野菜がやわらかくなるまで煮ます。

❹最後に、❷の絹さや、ぎんなんを入れて全体を混ぜ、水溶き片栗粉を加えてとろみをつけます。

# 飛《ひ》竜《りょう》頭《ず》

飛竜頭は、安土桃山時代に
ポルトガル人がもたらしたと
何かで読んだ。
つまり、南蛮渡りの
ハイカラな食べものだった。
ポルトガルでは
ヒロウスと言ったのを
日本では飛竜頭と
当てたのであろう。
そういえば、今でも関西では
ひろうすと言っている。
江戸ではがんもどきと呼ぶ。
煮てもよし、焙《あぶ》ってしょうゆを
落としてもおいしい。
江戸時代のいつ頃か、おでん種になった。
南蛮渡りの庶民の味なのである。

# 飛竜頭の揚げ出し

豆腐はきちんと水きりし、すり鉢でなめらかにするのがコツです。つなぎに長芋を加えると、ふわっとした食感になりますが、入れなくても作れます。揚げたてをしょうがじょうゆでいただくほか、揚げ出しで味わうのもおいしいもの。

天つゆより薄めに味つけしたつゆで、大根おろしと共にさっと煮て、揚げ出しに。

〈材料〉

| | |
|---|---|
| 木綿豆腐 | 1丁 |
| 干し椎茸 | 1枚 |
| きくらげ | 2〜3片 |
| にんじん | 約2cm |
| ぎんなん | 4個 |
| 長芋のすりおろし | 大さじ2 |
| 塩 | 小さじ1 |
| 片栗粉 | 大さじ1 |
| みりん | 大さじ1 |
| しょうゆ | 大さじ1 |
| 揚げ油 | 適量 |

〈作り方〉

❶豆腐は布巾に包み、重しをのせて30分ほどおき、水きりします。ぎんなんはゆでます。

❷干し椎茸は1カップ強の水で、きくらげも水で戻してみじん切りにし、椎茸の戻し汁はとっておきます。にんじんはみじん切りにします。

❸小鍋に干し椎茸の戻し汁1カップ、みりん、しょうゆを合わせ、❷を煮て、味を含ませます。

❹水きりした豆腐をすり鉢ですり、長芋のすりおろし、塩、片栗粉をすり混ぜたら、粗熱がとれた❸の汁気をきって混ぜます。

❺手に水をつけて、❹を4等分し、ぎんなんを1個ずつ入れて小判形に丸め、中温（約170℃）の油で色よく揚げます。

干し椎茸、きくらげ、にんじんはみじん切りに。豆腐のほかに、長芋と片栗粉を用意する。

干し椎茸の戻し汁をみりんとしょうゆで調味し、みじん切りにした具を煮る。

水きりした豆腐をなめらかにすったところに、長芋のすりおろしを加える。

煮た具の煮汁をきって、すった豆腐に加える。

中心にぎんなんを入れ、小判形に形作る。手に水をつけると作業しやすい。

# かぶら蒸し

かぶら蒸しは、冬の京都
ならではのものと思う。
精進では、百合根や
生麸を煮た具に
すりおろした
かぶらをかけて蒸す。
京都には聖護《しょうご》院《いん》かぶという
美味なものがある。
これを食べて、
冬の冷えた身を温める。
残念ながら、江戸にはない。
味はいかにも京都らしく、
淡味である。
京都ならではの
ささやかな贅沢である。

具は、干し椎茸の戻し汁で煮る。百合根とぎんなんは最後に加える。

かぶは茎を少し残しておくと、すりおろしやすい。

〈材料〉

かぶ……2個
百合根……½個
ぎんなん……4個
にんじん……5cm
しめじ……½パック
干し椎茸……2枚
生麩……適量
みりん、しょうゆ、酒……各大さじ1
あん
　みりん、しょうゆ　各小さじ1
　水溶き片栗粉（片栗粉大さじ1＋水大さじ3）

〈作り方〉

❶干し椎茸は2½カップ強の水で戻し、そぎ切りにし、戻し汁はとっておきます。百合根は1枚ずつはがし、塩ゆでにします。ぎんなんはゆでます。

❷にんじんはいちょう切りにし、しめじはほぐします。生麩は1cm角に切ります。

❸鍋に干し椎茸の戻し汁2カップ、みりん、しょうゆ、酒を合わせ、椎茸、にんじん、しめじ、生麩を入れて煮ます。最後に百合根とぎんなんを加えて火を止めます。

❹かぶは茎を10cm残し、皮をむいてすりおろします。

❺器に❸を等分に入れ、すりおろしたかぶを等分にのせ、蒸気の上がった蒸し器で5～6分蒸します。

❻小鍋に干し椎茸の戻し汁½カップ、みりん、しょうゆを合わせ、水溶き片栗粉を加えてとろみをつけて、あんを作ります。蒸し上がった❺にかけ、あれば三つ葉の茎少々を飾ります。

蒸すとかぶの甘みが増し、煮ものや漬けものとは違う、かぶのおいしさが味わえます。ふっくら仕上げるには、かぶを丁寧にすりおろすのがポイント。かぶが透き通ってきたら蒸し上がり。蒸し立てに熱々のあんをかけることで、からだも温まり、冬の最上のもてなし料理になります。おろししょうがをのせても合います。

## れんこん蒸し

かぶの代わりにれんこんをすりおろしても同様に作れます。仕上げに、柚子の皮のせん切りをのせて。

# なすの利休汁

なぜ、利休汁というか。
大徳寺塔頭《たっちゅう》の聚光院《じゅこういん》という寺に、
千利休の墓がある。
そこの先代住職の奥さんが、
「利休さんはごま好きだった」
と教えてくれた。
みそ汁にたっぷりごまが
入ったのを特に好んで、
いつの間にか利休好みの汁が、
そう呼ばれるようになったとのこと。
さすが茶聖。
シャレていたと思いませんか。

〈材料〉

なす……2本
白ごま……大さじ1
昆布だし……4カップ
みそ……大さじ2
ごま油……大さじ1

〈作り方〉

❶ごまはいって、すり鉢ですります。
❷なすは1cm厚さの輪切りにします。フライパンにごま油を熱し、なすの両面を炒めます。
❸鍋に昆布だしを温めてみそを溶きます。椀に❷のなすを入れて、みそ汁を注ぎ、❶をふりかけます。

すり鉢ですったごまは、使い古しの茶せんを利用するときれいに取れる。

具のなすは、ごま油で炒めてコクをだす。

# 生麩の照り焼き

〈材料〉

生麩……½本
みりん……大さじ1
しょうゆ……大さじ1
ごま油……大さじ1

〈作り方〉

❶生麩は1.5cm厚さに切ります。
❷フライパンにごま油を熱して生麩を両面焼きます。みりんとしょうゆを合わせて回し入れ、フライパンをゆすりながら照り焼きにします。

生麩とは、小麦粉を練ったエッセンスである。それも、グルテンの多い強力粉である。時代的には古く、奈良、平安期という説と、鎌倉期に禅僧が持ち帰り、精進料理に用いたとの二説ある。当初は上流階級か禅僧が食した。江戸期になって、庶民に広がった。生麩はあまり関東では食されないし、作られなかった。京阪が多いのも、これは水質がいいからではなかったか。

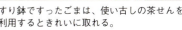

# お粥

禅宗の修行道場を僧堂という。
僧堂の食事は質素だ。
朝は麦粥に、たくあん、梅干し。
「カロリーは?」ときかれるが、
カロリもコロリもない。
生きている証明食である。
毎月一日と十五日は小豆粥にする。
これを豆粥《ずしゅく》という。
他に、今日は大作務《おおざむ》(重労働)という朝は
白米の五分粥である。
こんな朝食だが、みんな元気である。
朝がお粥だから、すこぶる調子がいい。

豆腐百珍にまさるとも劣らず、お粥の種類も実に豊富です。くこの実や松の実を入れたり、黒米粥や、白粥にきびを加えたきび粥などもお試しを。

# 白粥

〈材料〉
米……1カップ
水……4カップ

〈作り方〉
❶米はといで土鍋に入れ、分量の水に30分ほど浸し、強火にかけます。
❷沸騰したら、鍋底から全体を静かに混ぜ、弱火にします。焦げないように途中2～3回混ぜて、米がやわらかくなるまで20分ほど炊き、火を止めて蒸らします。
●梅干しや、ひねたくあんを添えていただきます。

熱のあたりがおだやかで、均一に伝わる土鍋を使うと、芯までふっくら炊き上がります。

# 茶粥

白粥の水をほうじ茶に変え、同様に炊きます。食べるときにもみのりをのせます。

# 芋粥

長芋10㎝は1㎝角に切り、酢水にさらします。白粥を炊き、蒸らすときに長芋を入れ、食べるときにゆかりをふります。

# 和尚のとっておき

雲水として修行を重ねていたころ、
典座《てんぞ》として寺の台所方を
任されていた宗哲和尚。
限られた材料の中で、
いかに幅広く、
変化を持たせて料理するか、
日々の課題でした。
精進の心である、旬の素材を
とことん生かす工夫に加え、
和尚の自由でユニークな発想が息づいた
とっておきの精進料理を紹介します。

# 炒めなます

冬は葉ものが少ないが根菜は豊富である。
滋味とはよくいったものである。
食べやすく切り、それを酒と塩を主に炒めるのだ。
俗にいう「酒塩炒め」である。
油揚げは軽くあぶり、細切り。
これが見た目を上品にする。
おまけに酒塩だから色がつかず、見た目も美しい。
「吹き寄せ」とも呼ばれるゆえんである。
そうそう、根菜は一種類ずつ炒める。
その持ち味を一〇〇％生かすためである。
これは温かいうちもいいが、冷めてもまたいい。
拙庵では毎年、おせち料理に作る。

酒塩炒めした根菜類、ゆでた百合根とぎんなん、甘辛く煮た椎茸、栗の甘露煮、焼いた油揚げ、一つ一つの素材の持ち味がバランスよく調和した料理です。残ったら、すし飯に混ぜて、ちらしずしにするのもおすすめです。

〈材料〉

| | |
|---|---|
| にんじん | 10cm |
| ごぼう | 20cm |
| れんこん | 10cm |
| 三つ葉 | 少々 |
| ぎんなん | 8個 |
| 百合根 | 1個 |
| 油揚げ | 1枚 |
| 栗の甘露煮 | 6粒 |
| 干し椎茸 | 2枚 |
| しょうゆ、みりん | 各大さじ1 |
| 酒 | 大さじ4 |
| 塩 | 適量 |
| ごま油 | 大さじ2 |

〈作り方〉

❶干し椎茸は1カップ強の水で戻し、薄切りにします。戻し汁1カップにしょうゆとみりんを合わせ、戻した椎茸を煮ます。

❷ぎんなんはゆで、半分に切ります。百合根は1枚ずつはがし、塩ゆでにします。油揚げは、香ばしく焼いて、細切りにします。栗の甘露煮は食べやすい大きさに切ります。

❸にんじん、ごぼうはマッチ棒くらいに細く切り、ごぼうは水にさらします。れんこんは薄い半月切りにし、酢水にさらします。三つ葉は3cm長さに切ります。

❹フライパンにごま油を熱してにんじんを炒め、酒の1/3量と塩少々をふり、火が通ったらボウルにあけます。れんこん、ごぼうも同様にして順に酒塩炒めにし、ボウルに合わせます。

❹汁気をきった❶❷を❹のボウルに合わせてよく混ぜます。器に盛って三つ葉を散らし、好みで白ごまをふります。

干し椎茸は、戻し汁にしょうゆとみりんで甘辛く煮る。

根菜は、一種類ずつ順に酒塩炒めし、ボウルに合わせる。

材料をボウルに合わせたら、全体をふんわりとよく混ぜる。

# 五菜びたし

冬は青菜が少ない。
つい、からだを温めんがために肉類が多くなる。
体に悪いことを知りつつも。
そこで、ぼくは申し上げたい。
野菜を多くとって香辛料で体を温めればと。
この五菜びたしなどは、理想的だと思う。
青みはなんでもいい。
それをさっとゆで、さっと水で冷やし、ぎゅっと絞る。
ボウルでほぐしながら混ぜ合わせる。
そこへ、しょうがの絞り汁、しょうゆ、みりんを合わせ、
ふりかけながら混ぜればいい。

どうしても野菜から水気が出るので、調味料は少し多めかな、と思うくらいがほどよく仕上がります。ほうれん草、春菊、白菜、もやし、三つ葉。野菜が五種だから五菜びたし。三種なら三菜びたしに。ほかに小松菜なども向きます。

〈材料〉

| | |
|---|---|
| ほうれん草 | 4株 |
| 春菊 | 3株 |
| 白菜 | 2枚 |
| もやし | ½袋 |
| 三つ葉 | 1束 |
| しょうが汁 | 大さじ1 |
| うす口しょうゆ | 大さじ1強 |
| みりん | 大さじ1 |

〈作り方〉

❶ほうれん草と春菊は、塩ひとつまみ（分量外）を加えた熱湯で順にゆで、水にとってから水気を絞り、4cm長さに切ります。

❷白菜は4cm長さに切り、固い部分は細めの短冊に切り、もやしは根を取り、共に歯ざわりよくゆでます。

❸三つ葉は4cm長さに切り、❶❷と合わせ、しょうゆ小さじ1（分量外）をふりかけてしょうゆ洗いします。

❹ボウルに❸を入れてほぐし、しょうが汁を回しかけ、しょうゆとみりんを合わせて加え、よく和えます。

ほうれん草、春菊、白菜、もやし、三つ葉を使用。ほかに小松菜などでも。

しょうゆをふりかけて絞ることを、しょうゆ洗いという。

しょうがの汁を加えることで、さわやかな風味に仕上がる。

# ひこずり・丸《がん》汁《じる》

どうして「ひこずり」と言うのか分からない。
禅寺だけの呼称かもしれない。
それも、鎌倉建長寺のみで、
そう言われてきたのか？
ほかの道場では言ってなかったと記憶する。
たけのこのみそ炒めに、
種を取った唐辛子を加えるので、
別に「南蛮炒め」とも言う。
このひこずりは、
白的《はくてき》（白米だけのご飯）にもいいが、

## 丸汁

たけのこの根元の部分をすりおろす。

〈材料〉

- ゆでたけのこの根元の部分……7〜8cm
- 黒ごま……少々
- 片栗粉……大さじ1
- 塩……小さじ½
- すまし汁
  - 昆布だし……4カップ
  - 塩……小さじ½
  - しょうゆ……小さじ1
  - 酒……大さじ1
- 揚げ油……適量

〈作り方〉

❶たけのこはすりおろして軽く水気をきり、黒ごま、片栗粉、塩を混ぜ、直径2〜3cmに丸めます。
❷中温の油できつね色に揚げます。
❸昆布だしを火にかけて、塩、しょうゆ、酒で調味し、すまし汁を作ります。
❹❶に熱湯をかけて油抜きし、椀に入れます。❸を注ぎ、あればゆでた絹さやを細く切って添えます。

道場の昼食（斉座《さいざ》という）に
これを添えると、
みな、麦飯をお椀に山盛りに
給仕してもらっていた。
もちろん、
ひこずりも山のごとし。
とにかく日頃は
死なない程度の食事だけに、
気をよくするのである。
丸汁にはたけのこの固い部分を
おろして揚げたもの。
揚げたてに塩をつけて
そのまま食べてもおいしい。

# ひこずり

〈材料〉

- たけのこ……1本
- 赤唐辛子……1本
- 木の芽……少々
- みそ……大さじ1
- みりん……大さじ2
- 酒……大さじ2
- ごま油……大さじ2

〈作り方〉

1. たけのこは、先端を斜めに切り落とし、皮に縦に1本切り目を入れ、たっぷりの水にぬかをひとにぎり入れて1時間ほどゆで、そのまま冷まします。
2. 皮をむき、穂先は縦にくし切りにし、ほかは5㎜厚さのいちょう切りにします。赤唐辛子は種を取り、輪切りにします。木の芽は1枚を残して、粗みじんに切ります。みそは、みりんと酒で溶いておきます。
3. フライパンにごま油を熱し、赤唐辛子を入れ、たけのこを炒めます。たけのこに油が回ったら、合わせた調味料を加えて全体にからめ、木の芽のみじん切りを散らします。皿に盛り、残りの木の芽を飾ります。

たけのこは市販のゆでたけのこを使ってもかまいませんが、掘りたてのたけのこが手に入るときは、ぜひ自分でゆでたものを使ってください。風味や歯ざわりが違います。丸汁にはわかめを入れても合います。

# アスパラガスのくるみ白和え

学生時代、信州から来た友人の寺から、
ダンボール二箱のアスパラガスが送られてきたが、
寮の台所番はどうしていいか分からない。
湯がいてマヨネーズ。塩炒め。その程度である。
ぼくは、台所番に時々アイディアを出していたので、
とうとう聞きに来た。
神戸の寺育ちで、ハイカラ料理は知っているつもりだが、
悲しいかなアスパラガスには縁がなかった。
学校の庭にくるみがなっていた。
「和えよう」と思った。
それが好評だった。
ぼくのオリジナルの
一つである。

**〈材料〉**

グリーンアスパラガス……1束
木綿豆腐……½丁
くるみ……大さじ1
みりん……大さじ1
塩……小さじ½

**〈作り方〉**

❶豆腐は布巾に包んで重しをのせ、水きりします。
❷アスパラガスは根元の固い部分を切り落とし、3～4㎝の斜め切りにし、塩ひとつまみ（分量外）を入れた湯でゆでます。
❸くるみは香ばしく空いりし、すり鉢でよくすります。水きりした豆腐を加えてすり混ぜ、みりんと塩を加え、❷のアスパラガスを加えて和えます。

# さつま芋の緑酢和え

さつま芋のことを「から芋」と呼ぶと、
仏教大学にいる頃、
九州から来ていた同級生が言っていた。
その友人にさつま芋が送られてきた。
一、二度焼いたが、
三度目は、もう誰も食べようとしない。
「なら揚げるか……」
天ぷらにしたがこれも二、三度。
素揚げにしてみた。
校庭の一部に、菜園がある。
きゅうりがまだたっぷり実っていたので
すりおろし、酢を混ぜ合わせた。
これは万歳だった。

〈材料〉

さつま芋……1本
きゅうり……1本
酢……大さじ1
みりん……大さじ1
揚げ油……適量

〈作り方〉

❶さつま芋は皮つきのまま1cm角に切ります。中温（約170℃）の油で、素揚げにします。

❷きゅうりはざるにすりおろして、軽く水気をきり、酢とみりんを合わせ、❶を和えます。

# 長芋のコロッケ

道場で修行中だった。
晩秋、長芋を地方の住職が送ってくれた。
雲水たちにトロロがけばかりでは、
台所を預かるぼくとしては能がない。
「そうだ、コロッケはじゃが芋、なら……」と、
長芋の皮をむいて蒸した。
具は、畑の根菜、三つ葉、くるみ、
干し湯葉であった。
卵の代わりに長芋。
パン粉がないので、米の粗引き粉であった。
形も市販の倍はあった。
揚げたてをいただく。
これは冷めても平気だが、
ほくほくしているとそれはもう全く違う。
ソースなどかけない。
揚がった後からしょうゆを二、三滴落とすだけだ。
これで充分である。

水分の多い長芋と粘り気の強い大和芋を合わせることで、ほっこりした歯ざわりに仕上がります。刻んだくるみがアクセント。精進のコロッケは、卵の代わりに長芋のすりおろしを使って、パン粉をつけます。

〈材料〉
- 長芋……150g
- 大和芋……150g
- くるみ……大さじ1
- 塩……小さじ1
- 長芋のすりおろし……1カップ
- 小麦粉、パン粉……各少々
- 揚げ油……適量

粗く刻んだくるみの香ばしさが、アクセントになる。

〈作り方〉

❶長芋と大和芋は皮をむき、1cm厚さの輪切りにし、酢水にさらします。やわらかく蒸してから、熱いうちにつぶします。

❷くるみは粗く刻んで❶に入れ、塩を加えて混ぜ、小判形に形作ります。

❸小麦粉、長芋のすりおろし、パン粉の順に衣をつけ、中温（約170℃）の油で色よく揚げます。

豆腐と合わせ、にんじんの甘みを生かした

# にんじんのコロッケ

〈材料〉
- にんじん……2本
- 木綿豆腐……½丁
- くるみ……小さじ1
- 黒ごま……少々
- 片栗粉……大さじ1
- 塩……小さじ½
- 長芋のすりおろし……1カップ
- 小麦粉、パン粉……各少々
- 揚げ油……適量

〈作り方〉

❶にんじんは1cmの輪切りにし、塩少々（分量外）をまぶしてやわらかく蒸し、つぶして、水気を絞ります。

❷豆腐は布巾に包んで重しをのせ、水きりしてから、もみつぶします。

蒸したにんじんと水切りした豆腐をつぶして用いる。

❸にんじんと豆腐と合わせ、粗く刻んだくるみ、ごま、片栗粉、塩を加えて混ぜ、小判形に形作ります。

❹小麦粉、長芋のすりおろし、パン粉の順に衣をつけ、中温（約170℃）の油で色よく揚げます。

# お茶料理

道場で修行していた頃、
一日に、食後と日中に二度、
お茶を飲む。
これを茶礼という。
その茶殻を干しておく。
リサイクルするのである。
当時建長寺には、
雲水が四十人ほどいた。
だから、二、三日もすれば、
茶殻は結構な分量になる。
一つには、改めて
煮出してお粥に炊く。
つまり、茶粥である。
二つ目は、しょうゆと
酒少々落として、
佃煮と化けさせる。
三つ目は、小麦粉に塩少々、
にんじんのせん切りと合わせて
かき揚げ。
茶が七ならにんじん三の割合がいい。
これは雲水一同が喜んでくれた。
世に捨てるものなし。これである。

## お茶の佃煮

だしをとったあとの
昆布と椎茸を利用して

〈材料〉
- 新茶（一煎出したもの）……大さじ2
- だしをとったあとの昆布……2枚
- だしをとったあとの干し椎茸……2枚
- 昆布だし……1カップ
- 酒……大さじ1
- しょうゆ……大さじ1

〈作り方〉
❶だしをとったあとの昆布はせん切り、椎茸は薄切りにします。
❷すべての材料を鍋に入れ、汁気がなくなるまで煮詰めます。

## 新茶のかき揚げ

野菜と一緒に
歯ざわりよく揚げて

〈材料〉
- 新茶（一煎出したもの）……大さじ1
- ごぼう、にんじん……各1/2本
- 小麦粉……大さじ2
- 塩……小さじ1/2
- 揚げ油……適量

〈作り方〉
❶ごぼうはささがきにし、水にさらして水気をきり、にんじんもささがきにします。新茶は水気を絞ります。
❷小麦粉を水大さじ2で溶き、塩を混ぜた衣を❶につけ、中温（約170℃）の油でゆっくり揚げます。

## 新茶ご飯

軽くいって、
すがすがしい香りを引き出して

〈材料〉
- 米……2カップ
- だし昆布……6cm角1枚
- 塩……少々
- 新茶……小さじ1

〈作り方〉
❶米はといで、普通に水加減し、だし昆布と塩を加えて炊きます。
❷フライパンに半紙を敷いて新茶をのせ、香りが立つほど弱火でいり、軽くもみます。
❸炊き上がったご飯に❷を混ぜ、蒸らします。

焦がさないように半紙などを敷いて、いる。

食べやすいように、細かくもむ。

# わかめ粥・わかめの揚げもの

春一番の贅沢は、わかめ粥である。
わかめは近くの海で採れたもの。
生わかめは海の匂いがプンプンして、なんともいえない。
干したのもそれなりにいい。
採ってきたのを、さっとゆで、干す。
天気がよければ一日で乾くが、
一晩干したほうが、しっかりしてカビない。
はさみで切って、まずは素揚げ、そして、わかめ粥。
お粥には塩を入れる必要はない。そりゃそうだろう。
わかめには塩分が含まれているのだから。
それと、おかずもいらない。せいぜい梅干しでいい。
わかめと梅干しは、相性がいいからだ。

## わかめ粥

〈材料〉

新わかめ(干したもの)……適量
米……1カップ
水……5カップ

〈作り方〉

1. 米はといで土鍋に入れ、分量の水に30分ほど浸し、強火にかけます。沸騰したら、鍋底から全体を静かに混ぜ、弱火にします。焦げないように途中2～3回混ぜて、米がやわらかくなるまで20分ほど炊きます。
2. わかめは戻して食べやすく切り、炊き上がったお粥に入れ、味をみて塩で味を調えます。

## わかめの揚げもの

〈材料〉

新わかめ(干したもの)……適量
小麦粉、水……各適量
塩……少々
揚げ油……適量

〈作り方〉

1. わかめは食べやすい大きさに切ります。
2. 小麦粉を水で溶き、塩を入れた衣をわかめにつけ、中温（約170℃）の油で揚げます。

# きのこの養老蒸し

道場にいた頃のこと。
椎茸とえのき茸を栽培した。
晩秋から冬にかけて、その年は大豊作であった。
みそ汁の実や、バター炒めばかりでは、
食べる雲水もうんざりする。
それよりも典座の無能さを見られる。
椎茸の裏に、塩味をつけた衣を塗って、姿揚げ。
にんじんと共に、細切りにしてかき揚げ。
そこでたまたま「蒸してやろう」と、思った。
幸いに、いただいた長芋があった。
みそ汁以外のもう一品である。
雲水たちが思わずにたっとしたのは、いうまでもない。

**〈材料〉**

干し椎茸……2枚
しめじ……½パック
えのき茸、なめこ……各½袋
長芋のすりおろし……1カップ
ぎんなん……8個
三つ葉……少々
柚子の皮……少々
酒、しょうゆ……各大さじ1

すりおろした長芋を、煮た具にのせて蒸す。

**〈作り方〉**

1. 干し椎茸は戻して薄切りにし、戻し汁はとっておきます。しめじはほぐし、えのき茸は半分に切ります。
2. 鍋に、干し椎茸の戻し汁、酒、しょうゆを合わせ、きのこ類を煮ます。
3. ぎんなんはゆでます。
4. ❷を煮汁ごと器に入れ、ぎんなんを加え、長芋のすりおろしをのせます。蒸気が上がった蒸し器で2～3分蒸します。三つ葉と柚子の皮のすりおろしをのせます。

# 新じゃがと枝豆のきんとん

新じゃがは、ゆでてバターを塗っていただく。
まあ、これが常道である。
その昔、薄く輪切りにしたのをバターで炒め、
しょうゆと粉山椒を少しふったものをいただいた。
思わず、「うーむ」と、感じたことがある。
「なら、ぼくも何か」
じゃがいもは地、天は豆。それで空豆と合わせて、
「天地いっぱいを食べてください」と、
言ったことである。
新じゃがはゆでてつぶし、甘みは砂糖ではなく、
ぼくは蜂蜜にした。

**〈材料〉**

新じゃが芋……2個
枝豆(または空豆)……½カップ
塩……小さじ½

**〈作り方〉**

❶枝豆はさやごと塩ゆでし、皮をむいて取り出し、½カップ用意します。
❷じゃが芋はやわらかく蒸します。熱いうちに皮をむいてつぶし、塩をふり、❶を混ぜ合わせます。
◉甘く仕上げたいときは、はちみつ大さじ1を加えます。

ここでは空豆の代わりに、色よくゆでた枝豆を使用。

# 里芋の共和え

里芋は、しみじみとした味がする。
ついでにいえば、みそと相性がいい。
だからみそ田楽が生まれたのであろう。
修行中、典座ばかりしていたぼくは、
これをよく作ったものである。
こんなものでも喜んで食べてくれたのである。
食後に「この脇に一合のお酒がついていりゃいうことはない」
と言った雲水もいたという。
田楽ばかりでは、無能者と思われる。
で、考えたのがこれである。
里芋は皮をむき、淡味で煮る。
その四割をつぶし、甘味みそと混ぜる。
それを煮たのと和える。
共和えと称した。

〈材料〉

| | |
|---|---|
| 里芋 | 8個 |
| 昆布だし | 2カップ |
| みりん | 大さじ3 |
| しょうゆ | 大さじ1 |
| 白みそ | 大さじ1 |
| 塩 | 小さじ1 |

〈作り方〉

❶里芋は皮をむいて乱切りにし、塩もみ（分量外）して、水で洗います。
❷鍋に昆布だし、みりん大さじ2、しょうゆ、塩を合わせ、里芋を入れ、弱火でやわらかくなるまで煮ます。
❸❷の里芋の半量弱をすり鉢でつぶし、白みそとみりん大さじ1を加えて、すり混ぜます。
❹❸で残りの里芋を和えます。

煮た里芋は、半量弱をつぶして和え衣にする。

# 30分で作る四季の献立

殺生をせずに、天地の恵みをいただく
精進料理において、
主役となるのが旬の野菜です。
調味料は極力使わず、
それぞれの野菜が持っている
滋味を味わう料理は、
粗食どころか、これこそが
真の美食というもの。
大地のエネルギーを蓄えた
旬の素材だからこそ
からだにパワーをくれるのです。
どれも家庭で作りやすい
ものばかりなので、
ぜひお試しください。

# 春の献立 一

若竹飯
たたき豆腐のすまし汁
うどの紀州和え
うどの皮のきんぴら
アスパラガスの一期一会漬け

新たけのこの香りを存分に楽しんで

## 若竹飯

〈材料〉
ゆでたけのこ小1本(約150g)　わかめ少々　米2カップ　昆布だし2カップ　しょうゆ大さじ1　酒大さじ2　塩小さじ1/2

〈作り方〉
❶たけのこは、根元は約4～5mm厚さのいちょう切りにし、穂先はくし形に切ります。
❷鍋に昆布だし、しょうゆ、酒、塩を合わせ、❶を4～5分煮ます。
❸わかめはさっとゆで、食べやすく切ります。
❹❷の煮汁を取り分け、水を足して2カップにします。
❺といだ米に❹を注ぎ、❷のたけのこを入れて、炊きます。10分ほど蒸らし、わかめを混ぜます。

炊き込みご飯にはすまし汁を

## たたき豆腐のすまし汁

〈材料〉
木綿豆腐1/2丁　みそ小さじ1　片栗粉大さじ1　黒ごま少々　すまし汁(昆布だし4カップ　酒大さじ2　しょうゆ大さじ1　塩少々)　木の芽4枚　揚げ油適量

〈作り方〉
❶豆腐は重しをのせて水きりし、すり鉢ですります。みそ、片栗粉を加えてさらにすり、ごまを混ぜます。8等分して丸め、中温(約170℃)の油で色よく揚げます。
❷昆布だしに酒、しょうゆ、塩を加え、すまし汁を作ります。
❸❶を椀に入れて、すまし汁を注ぎ、木の芽を添えます。

夏みかんを絞った柑橘酢でさわやかに

## うどの紀州和え

〈材料〉
うど1本　夏みかん1個　わかめ少々　みりん大さじ1　酢大さじ1

〈作り方〉
❶うどは皮をむき、2cmほどの乱切りにし、酢適量(分量外)を入れた酢水にさらします。わかめは戻して食べやすく切ります。
❷夏みかんは、半量は果汁を絞り、残りの半量は薄皮をむいて一口大にほぐします。
❸みりん、酢、夏みかんの絞り汁を合わせ、水気をきったうど、夏みかん、わかめを和えます。

紀州和えの残りを利用してもう一品

## うどの皮のきんぴら

〈材料〉
うどの皮1本分　しょうゆ大さじ1　みりん大さじ1　ごま油大さじ1　青のり適量

〈作り方〉
うどの皮は4～5cm長さの細切りにし、ごま油で炒め、しょうゆとみりんで調味し、青のりをふります。

旬のおいしい出会いをいただく

## アスパラガスの一期一会漬け

〈材料〉
グリーンアスパラガス1束　酢大さじ2　みりん大さじ1　しょうゆ大さじ1

〈作り方〉
❶アスパラガスは根元の固い部分を1cmほど切り落とし、3～4cm長さに斜めに切り、塩ひとつまみ(分量外)を加えた熱湯でゆでます。
❷酢、みりん、しょうゆを合わせ、アスパラガスが熱いうちに浸します。

◉一晩漬けておくと味がしみておいしい。

# 春の献立 二

きらきらずし
新じゃがのみそ炒め
キャベツのごま酢和え

すし飯にたくあんを混ぜた手軽なおすし

## きらきらずし

〈材料〉

| | |
|---|---|
| 米 | 2カップ |
| だし昆布 | 6cm角1枚 |
| すし酢 | |
| 酢 | ½カップ |
| みりん | 大さじ2 |
| 塩 | 小さじ½ |
| たくあん | 10cm |
| 酒 | 大さじ1 |
| みりん | 大さじ1 |
| 黒ごま | 少々 |

〈作り方〉

1. 米は普通に水加減し、だし昆布を入れて炊き、熱いうちにすし酢を合わせます。
2. たくあんは7～8mm角に切り、水にさらして塩出しし、酒、みりんにひたします。
3. ❶のすし飯に、たくあんを混ぜ、ごまを指でひねってふります。

しゃきしゃきした歯ざわりが身上

## 新じゃがのみそ炒め

〈材料〉

| | |
|---|---|
| 新じゃが芋 | 2個 |
| みそ | 大さじ1 |
| みりん | 大さじ1 |
| 酒 | 大さじ1 |
| ごま油 | 大さじ1 |
| 白ごま | 少々 |

〈作り方〉

1. 新じゃが芋は皮をむき、5mm幅の棒状に切り、水にさらします。
2. みそは、みりんと酒で溶きます。
3. フライパンにごま油を熱して新じゃが芋を炒め、❷を全体にからめ、白ごまをふります。

やわらかい新キャベツを和えものに

## キャベツのごま酢和え

〈材料〉

| | |
|---|---|
| キャベツ | 4枚 |
| 三つ葉 | ½束 |
| ごま酢 | |
| 白ごま | 大さじ2 |
| 黒ごま | 大さじ1 |
| 酢 | 大さじ2 |
| みりん | 大さじ2 |
| しょうゆ | 小さじ1 |

〈作り方〉

1. キャベツはざく切りにし、塩ひとつまみ（分量外）を入れてゆでます。三つ葉はさっとゆで、2cm長さに切ります。
2. 白ごまと黒ごまは合わせ、軽くいってすり鉢ですり、酢、みりん、しょうゆを合わせ、❶を和えます。

# 夏の献立 一

## ずり出しうどん

### ずり出しうどん

禅寺の釜揚げうどん。薬味をたっぷり添えて

〈材料〉

| | |
|---|---|
| うどん(乾麺) | 約400g |
| 白ごま | 1カップ |
| 三つ葉 | 1/2束 |
| 大根おろし | 1カップ |
| おろししょうが | 適量 |
| きざみのり | 適量 |
| 七味唐辛子 | 適量 |
| しょうゆ | 適量 |

〈作り方〉

1. ごまは軽くいってすり鉢ですり、三つ葉は刻み、薬味を用意します。
2. たっぷりの湯で、うどんをゆで、ゆで上がったら鍋ごと食卓にセットします。
3. 各自の器に好みの薬味としょうゆ、うどんのゆで汁を適量入れ、鍋からうどんを取り出しながらいただきます。

◉大勢の修行僧が大釜や鍋からうどんをずり出して食べることからこの名が。暑いときに食べれば、暑気払いに最適。もちろん四季を通じていただけます。

### 旬の即席漬け

### オクラのアチャラ漬け

唐辛子を加えて辛みをプラス

〈材料〉

| | |
|---|---|
| オクラ | 8本 |
| 赤唐辛子(種を取る) | 1本 |
| だし昆布 | 6cm角 |
| 酢 | 大さじ2 |
| しょうゆ | 大さじ1 |
| みりん | 大さじ1 |
| ごま油 | 小さじ1 |
| 塩 | 少々 |

〈作り方〉

1. オクラは、塩ひとつまみ(分量外)をまぶして、板ずりします。半分の長さに斜め切りし、ゆでます。
2. 鍋に、だし昆布と赤唐辛子、すべての調味料を合わせて煮立て、❶のオクラにかけ、そのまま冷まします。

# 夏の献立 二

しょうが飯
炒めなすのたたき納豆和え
水晶豆腐のすまし汁

しょうがの風味が食欲をそそる

## しょうが飯

**〈材料〉**
- 米……2カップ
- （押し麦を一割混ぜてもよい）
- だし昆布……6cm角1枚
- しょうゆ……大さじ2
- 酒……大さじ1
- しょうがの絞り汁……大さじ2

**〈作り方〉**
米は普通に水加減し、だし昆布としょうゆ、酒を入れて炊きます。ご飯を蒸らすときに、しょうがの絞り汁を加えます。

◉しょうがには、夏は健胃効果、冬はからだを温める作用があります。

からだにいい納豆を炒めものと一緒に

## 炒めなすのたたき納豆和え

**〈材料〉**
- なす……2本
- オクラ……2本
- 納豆……1パック
- しょうゆ……大さじ1
- 塩……少々
- 練り辛子……少々
- ごま油……大さじ1

**〈作り方〉**
1. なすは縦に半分に切ってから細く切ります。オクラは塩少々（分量外）をまぶしてゆで、小口切りにします。
2. フライパンにごま油を熱してなすを炒め、火が通ったらしょうゆで調味し、皿に盛ります。
3. 納豆は粗く刻み、塩、練り辛子を加えて混ぜ、なすにかけて、オクラを散らします。

梅肉の酸味で味を引きしめて

## 水晶豆腐のすまし汁

**〈材料〉**
- 木綿豆腐……1/2丁
- すまし汁
  - 昆布だし……4カップ
  - 酒……大さじ2
  - しょうゆ……大さじ1
  - 塩……少々
- 青のり……少々
- 片栗粉……大さじ2
- 梅干し……少々

**〈作り方〉**
1. 豆腐は布巾に包み、重しをのせて水きりし、食べやすい大きさに切ります。
2. 片栗粉に青のりを混ぜ、その中で豆腐をころがすようにしてまぶし、熱湯でゆでます。
3. 昆布だしに、しょうゆ、酒、塩を加えてすまし汁を作ります。
4. 椀に❷を入れて、すまし汁を注ぎ、たたいた梅干しをのせます。

# 秋の献立 一

百合根ご飯
生揚げの黒砂糖煮
春菊と菊花の柚香和え
羅漢汁

## 百合根ご飯

何より上品な味わいの炊き込みご飯

〈材料〉

米……2カップ
百合根……1個
だし昆布……6cm角1枚
酒……大さじ1
ごま塩……少々

〈作り方〉

❶百合根は1枚ずつはがして洗い、茶色くなっている部分があれば取り除き、塩水（分量外）につけます。
❷米は普通に水加減し、だし昆布、酒、百合根を入れて炊きます。ごま塩や、好みでゆかりをかけていただきます。

## 生揚げの黒砂糖煮

黒砂糖のこっくりした甘みが合う

〈材料〉

生揚げ……2枚
昆布だし……2カップ
黒砂糖……大さじ3
しょうゆ……大さじ2
酒……大さじ2
粉山椒……少々

〈作り方〉

❶生揚げは熱湯をかけて油抜きし、一口大に三角に切ります。
❷昆布だしに、黒砂糖、しょうゆ、酒を合わせ、生揚げを入れて、アクを取りながら味がしみるまで中火で10分ほど煮含めます。食べるときに粉山椒をふります。

## 春菊と菊花の柚香和え

柚子の風味が口の中で広がる

〈材料〉

春菊……½束
菊花……10個分
生椎茸……4枚
酢……大さじ1
塩……少々
柚子の絞り汁……小さじ2
昆布だし……大さじ2
しょうゆ……大さじ1
みりん……小さじ1

〈作り方〉

❶春菊はゆでて2～3cmに切り、しょうゆ小さじ1（分量外）をふって絞ります。
❷菊花はほぐし、酢と塩を加えた湯で手早くゆで、ざるに広げて冷まします。
❸椎茸は焼いて、細切りにし、柚子の絞り汁をかけておきます。
❹昆布だし、しょうゆ、みりんを合わせ、❶❷❸を和えます。

## 羅漢汁

さつま芋が主役で具だくさん

〈材料〉

さつま芋……1本
干し椎茸……4枚
春菊……2株
昆布だし……2カップ
酒……大さじ2
しょうゆ……大さじ2
塩……少々

〈作り方〉

❶干し椎茸は1カップ強の水で戻して食べやすく切り、戻し汁はとっておきます。さつま芋は皮ごと7～8mm厚さの輪切りにします。春菊は粗く刻みます。
❷鍋に、昆布だし、干し椎茸の戻し汁1カップ、酒、しょうゆ、塩を合わせ、さつま芋と椎茸をアクを取りながら煮ます。仕上げに春菊を散らします。

◉具のひとつひとつが羅漢さんに見えることから、この名がついたとか。ほかに、大根、ごぼう、にんじん、じゃが芋、豆腐などを入れてもいいでしょう。

# 秋の献立 二

むかごご飯
れん餅のあんかけ
大根のみぞれ汁

## むかごご飯

秋ならではのひなびた味を炊き込んだ

〈材料〉
米……2カップ
（押し麦を一割混ぜてもよい）
むかご……大さじ2
だし昆布……6㎝角1枚
酒……大さじ1
塩……小さじ1

〈作り方〉
❶むかごはざるに入れ、塩（分量外）をふり、転がしながら洗います。
❷米はとぎ、昆布だし、酒、塩、むかごを入れ、普通に炊きます。

◉むかごは、山芋類の葉のつけ根に実る小指大の暗褐色の珠芽で、芋として食用します。

## れん餅のあんかけ

れんこんをすりおろした精進ならではの一品

〈材料〉
れんこん……1節（約150g）
にんじん……5㎝
ぎんなん……6個
昆布だし……1カップ
みりん……大さじ1
しょうゆ……大さじ1
酒……大さじ1
水溶き片栗粉
（片栗粉大さじ1＋水大さじ2）
揚げ油……適量

〈作り方〉
❶れんこんは皮をむき、ざるにすりおろし、軽く水気をきります。8等分に丸め、中温（約170℃）の油できつね色に揚げます。
❷にんじんはせん切りにし、ぎんなんはゆで、半分に切ります。
❸昆布だしにみりん、しょうゆ、酒を合わせ、❷を入れて煮立て、❶のれん餅を入れてさらにひと煮立ちさせ、仕上げに水溶き片栗粉を加えてとろみをつけます。

## 大根のみぞれ汁

のどごしのいい白玉団子を具にして

〈材料〉
白玉粉……60g
大根おろし……1カップ
大根葉のみじん切り……少々
昆布だし……2カップ
酒……大さじ1
みりん……大さじ1
しょうゆ……大さじ1
塩……少々
柚子の皮のせん切り……少々

〈作り方〉
❶白玉粉に水約60㎖を加え、耳たぶくらいのやわらかさに練り、小さく丸めます。熱湯でゆで、冷水にとります。
❷鍋に、昆布だし、酒、みりん、しょうゆ、塩を合わせて火にかけ、大根おろしを加え、煮立ったらアクをすくいます。
❸白玉を入れてひと煮立ちさせ、大根葉を散らします。椀に盛り、柚子の皮を添えます。

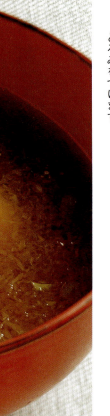

# 冬の献立 一

法飯《ほうはん》
柿なます

## 法飯

熱々のすまし汁をかける、禅寺の丼

〈材料〉

| | |
|---|---|
| ご飯 | 茶碗4杯分 |
| 干し椎茸 | 2枚 |
| きくらげ | 2〜3片 |
| 乾燥ゆば | 少々 |
| にんじん | ½本 |
| ごぼう | ½本 |
| 木綿豆腐 | ½丁 |
| しょうゆ、みりん、酒 | 各大さじ2 |
| かけ汁 | |
| 昆布だし | 2カップ |
| 酒、しょうゆ | 各大さじ1 |
| 塩 | 小さじ½ |

〈作り方〉

❶干し椎茸は水2カップ強で戻して薄切りにし、戻し汁はとっておきます。きくらげは水で戻し、細切りに。ゆばは、ぬれ布巾の間にはさみ、やわらかくなったら短冊切りにします。にんじんはいちょう切り、ごぼうはささがきにします。豆腐は水きりし、小さい角切りにします。

❷椎茸の戻し汁2カップにしょうゆ、みりん、酒を合わせ、❶を煮ます。

❸かけ汁の材料を鍋に合わせ、ひと煮立ちさせます。

❹器にご飯を盛って、❷の具をのせ、❸のかけ汁をかけます。

◉丼飯のいわば元祖で、その起こりは室町時代に僧が食べたことによります。芳飯、泡飯とあてた書物もあり、精進料理を原則としています。夏には冷汁をかけます。

## 柿なます

素材の取り合わせの妙を楽しんで

〈材料〉

| | |
|---|---|
| 柿 | 1個 |
| 大根 | 10㎝ |
| みりん、酢 | 各大さじ1 |
| しょうゆ | 小さじ½ |

〈作り方〉

❶大根は5㎝長さの細切りにし、塩（分量外）をふってしばらくおき、水で洗い、水気を絞ります。柿は細切りにします。

❷みりん、酢、しょうゆを合わせ、大根と柿を和えます。

# 冬の献立 二

かやくご飯
みぞれ豆腐
ほうれん草ののりびたし

## かやくご飯

野菜と乾物の風味がじんわりしみた

〈材料〉
米……2カップ
干し椎茸……2枚
高野豆腐……1枚
油揚げ……1枚
にんじん、ごぼう……各1/2本
昆布だし……1カップ
酒、しょうゆ、みりん……各大さじ1
塩……少々

〈作り方〉
❶干し椎茸は水1カップ強で戻し、細切りにし、戻し汁はとっておきます。高野豆腐も戻し、細く切ります。油揚げは熱湯をかけて油抜きし、細く切ります。にんじんとごぼうは細切りにします。
❷といだ米に、昆布だし、椎茸の戻し汁1カップ、酒、しょうゆ、みりん、塩を加え、❶の材料も入れて普通に炊きます。

●春にはたけのこやふきを入れるなど、具は季節に合わせて変化をつけます。

## みぞれ豆腐

土鍋で作り、そのまま食卓へ

〈材料〉
豆腐（木綿または絹）……1丁
大根おろし……1カップ
昆布だし……2カップ
酒……大さじ2
しょうゆ……大さじ1
みりん……大さじ1
塩……小さじ1/2
柚子こしょう……適量
一味唐辛子……適量
水溶き片栗粉
（片栗粉大さじ1＋水大さじ2）

〈作り方〉
❶豆腐は食べやすく切ります。
❷土鍋に、昆布だし、酒、しょうゆ、みりん、塩を合わせ、豆腐を入れて温めます。
❸大根おろしの水気を軽くきって加え、温まったら水溶き片栗粉を加えてとろみをつけます。柚子こしょう、一味唐辛子を添えていただきます。好みで柚子や三つ葉を散らしても。

## ほうれん草ののりびたし

焼きのりを加えて風味よく

〈材料〉
ほうれん草……1/2束
焼きのり……1枚
昆布だし……大さじ1
しょうゆ、みりん……各大さじ1

〈作り方〉
❶ほうれん草はゆで、水にさらして水気を絞ります。4cm長さに切り、しょうゆ小さじ1（分量外）をかけて絞ります（しょうゆ洗い）。
❷昆布だし、しょうゆ、みりんを合わせ、ちぎったのりとほうれん草を和えます。

### 旬の即席漬け

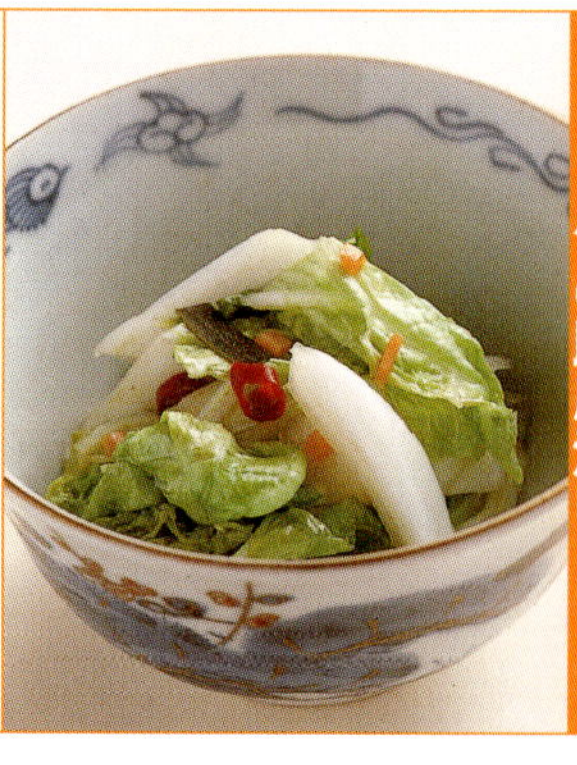

## 白菜としょうがの漬けもの

酢を加えてさっぱりと

〈材料〉
白菜……4枚
しょうがのせん切り……1かけ分
切り昆布……小さじ1
赤唐辛子の小口切り……1本分
塩……大さじ1
酢……大さじ1

〈作り方〉
❶白菜はざく切りにし、塩をまぶして30分ほどおく。
❷❶の水気を絞り、しょうが、切り昆布、赤唐辛子を混ぜて、酢をふり、半日ほどおく。

# 「精進だし醤油」で作る早わざ一汁三菜

### 〈煮ものに〉
## かぼちゃの煮もの

**〈材料・4人分〉** かぼちゃ1/8個 「精進だし醤油」大さじ3 みりん大さじ1
**〈作り方〉** ❶かぼちゃは食べやすい大きさに切り、皮をところどころむきます。
❷水2カップ、「精進だし醤油」、みりんを合わせ、かぼちゃをやわらかくなるまで煮ます。

### 〈おひたしに〉
## ほうれん草と椎茸のおひたし

**〈材料・4人分〉** ほうれん草1/3束 生椎茸4枚 「精進だし醤油」適量 レモン汁小さじ1
**〈作り方〉** ❶ほうれん草はゆでて、水にさらし、3〜4cm長さに切り、「精進だし醤油」小さじ1をかけて絞ります。❷椎茸は焼いて、細切りにし、レモン汁をかけます。❸①と②を混ぜ、「精進だし醤油」大さじ1をかけます。

### 〈吸いものに〉
## すまし汁

**〈材料・4人分〉**「精進だし醤油」大さじ2 酒小さじ1 塩少々 麩(好みのもの)適量 三つ葉少々
**〈作り方〉** ❶水2カップに「精進だし醤油」、酒、塩を合わせて火にかけ、沸騰直前で止めます。
❷椀に麩を入れて①を注ぎ、三つ葉を飾ります。

### 〈あんかけに〉
## あんかけ豆腐

**〈材料・4人分〉** 絹豆腐1/2丁 しめじ少々 「精進だし醤油」大さじ1 水溶き片栗粉(片栗粉小さじ2＋水小さじ4)
**〈作り方〉** ❶豆腐は4等分に切ります。しめじはほぐします。❷水1カップに「精進だし醤油」を合わせて火にかけ、豆腐としめじを加え、煮立ったら水溶き片栗粉を加えてとろみをつけます。

### 精進料理はだしが決め手

肉や魚を使わない精進料理。だし汁も同様で、かつお節などの動物性のだしは一切使わず、昆布と干し椎茸を主体にした精進だしを使います。さらにもうひと味ほしい、という方におすすめなのが「精進だし醤油」です。最高品質の昆布と干し椎茸を贅沢に使っただし汁に、じゃが芋、にんじん、かぼちゃ、白菜、ごぼう、大根、山芋をふんだんに使った野菜スープを加えて、コクのある「精進だし醤油」を作りました。さらに、味がぼけず、すっきりとした後味になるように隠し味として梅肉を加え、醤油には食材の色を生かす淡口醤油を使用し、8%の低塩分に仕上げています。これさえあれば、本格的な精進料理が家庭で手軽に楽しめます。

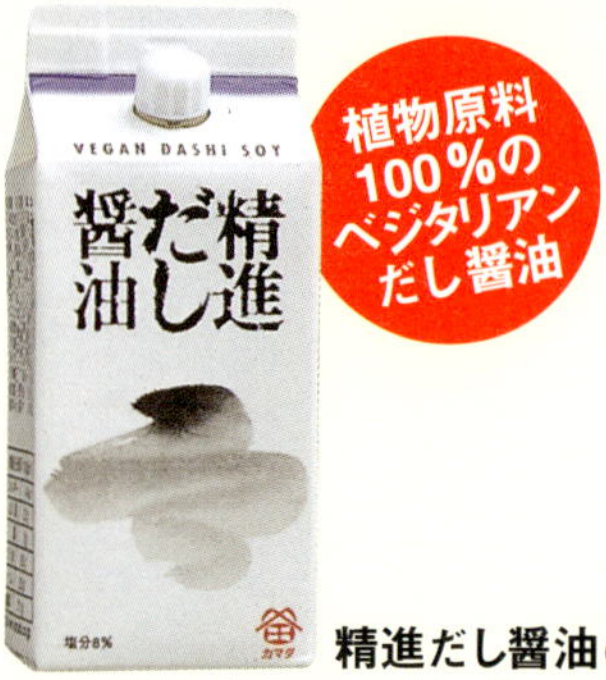

精進だし醤油(200ml)

**鎌田商事株式会社**
〒762-8620 香川県坂出市入船町2-1-59
通販ご注文・問い合わせ先
0120-46-0306 FAX 0120-46-0320
受付時間／AM8:00〜PM5:30 休業／日曜・祝日
ホームページからもご注文いただけます
URL http://www.kamada.co.jp

# もどき料理

肉や魚を使わない精進料理にも、
ステーキ、カツ、蒲焼きがあります。
もちろん、使う材料は植物性の素材のみ。
身近な素材を、ものの見事に
肉や魚料理風に変身させるのが
もどき料理たるゆえん。
何の素材を使っているか、
当てるのも楽しみのひとつ。
作る楽しみ、食べる楽しみに加え、
食卓に会話をもたらしてくれるのが、
もどき料理の効用です。
またの名を「見立て料理」ともいいます。

車麩の食感は、まるで牛肉のよう

# 車麩のステーキもどき

〈材料〉

| | |
|---|---|
| 車麩 | 4枚 |
| 昆布だし | 2カップ |
| 酒 | 大さじ1 |
| みりん | 大さじ1 |
| しょうゆ | 小さじ1 |
| 塩 | 小さじ1 |
| ごま油 | 大さじ1 |
| たれ | |
| みりん | 大さじ1 |
| しょうゆ | 大さじ1 |
| 青唐辛子 | 適量 |

〈作り方〉

❶車麩は水に2～3分ひたしてさっと戻し（少し固いくらいでいい）、半分か1/3に切り分けます。

❷昆布だしに、酒、みりん、しょうゆ、塩を合わせて煮立て、❶を入れて煮含め、ざるに上げます。

❸フライパンにごま油を熱し、❷の車麩を両面きつね色に焼き、たれを加えてからめます。焼いた青唐辛子を添えて盛ります。

味を煮含めた車麩を焼き、そこにたれをからめます。

# 車麩のひと口カツ

精進のフライは卵の代わりに長芋を使用

〈材料〉

| | |
|---|---|
| 車麩 | 4枚 |
| 昆布だし | 2カップ |
| 酒 | 大さじ1 |
| みりん | 大さじ1 |
| しょうゆ | 小さじ1 |
| 塩 | 小さじ1 |
| 長芋のすりおろし | 1カップ |
| 小麦粉、パン粉 | 各適量 |
| 揚げ油 | 適量 |
| キャベツ、レタス | 各適量 |

〈作り方〉

❶車麩は水にひたしてさっと戻し（少し固いくらいでいい）、半分か1/3に切り分けます。

❷昆布だしに、酒、みりん、しょうゆ、塩を合わせ、❶を入れてひと煮立ちさせます。ざるに上げて余分な汁気をきります。

❸❷に小麦粉、長芋のすりおろし、パン粉の順にまぶし、中温（約170℃）の油で揚げます。油をきり、キャベツのせん切りとレタスを添えて盛ります。

長芋のすりおろしを卵の代わりにつけて、パン粉をまぶします。

山の食材を海の食材に見立てた

# 椎茸のあわびもどき

〈材料〉

- 生椎茸……4枚
- 木綿豆腐……¼丁
- 白ごま……大さじ2
- みりん……小さじ1
- 塩……小さじ½
- 小麦粉……少々
- ごま油……大さじ1
- たれ
  - みりん……大さじ1
  - しょうゆ……大さじ1
- わかめ、レモン……各適量

〈作り方〉

1. 椎茸は軸をはずし、笠の裏に小麦粉を薄くふります。
2. 豆腐は布巾に包んで重しをのせ、水きりします。ごまは軽くいってすり鉢ですり、水きりした豆腐を入れ、塩、みりんを加えてすり混ぜます。
3. ❶の椎茸の笠の裏に❷をたっぷりと塗ります。
4. フライパンにごま油を熱し、❸を笠の表から焼き、両面きつね色に焼いたら、最後にたれを加えてからめます。わかめを添え、好みでレモンを絞っていただきます。

豆腐とごまをすり合わせた具を椎茸の笠の裏に厚めに塗る。

具が離れないように、まず笠の表を焼いてから、裏返す。

# ゆばのロールキャベツ風

## 豆腐、生麩、野菜の具で味わい深く

〈材料〉

| | |
|---|---|
| 木綿豆腐 | ½丁 |
| 生椎茸 | 2枚 |
| にんじん | 20g |
| 大徳寺納豆（または浜納豆） | 5～6粒 |
| 生麩 | ½本 |
| 生ゆば | 20㎝角8枚 |
| 昆布だし | 4カップ |
| 酒 | 大さじ2 |
| しょうゆ | 大さじ2 |
| みりん | 大さじ2 |
| 塩 | 小さじ1 |
| 水溶き片栗粉（片栗粉大さじ1＋水大さじ2） | |
| いんげん | 適量 |

〈作り方〉

❶豆腐は布巾に包んで重しをのせ、水きりし、手でもみつぶします。

❷椎茸、にんじん、大徳寺納豆は粗みじんに切り、生麩は5㎜角に切ります。

❸❶と❷、塩小さじ½を混ぜ合わせ、8等分して生ゆばで包みます。

❹鍋に、昆布だし、酒、しょうゆ、みりん、塩小さじ½を合わせ、❸を入れてひと煮立ちさせ、水溶き片栗粉を加えてとろみをつけます。煮汁とともに器に盛り、塩ゆでしたいんげんを添えます。

生ゆばを広げて、春巻きの要領で具を包む。

すりおろしたじゃが芋を磯辺揚げにした

# じゃが芋の蒲焼きもどき

〈材料〉
じゃが芋……2個
焼きのり……1枚
たれ
　みりん……大さじ1
　しょうゆ……大さじ1
木の芽(または粉山椒)……少々
揚げ油……適量

〈作り方〉
1 じゃが芋は皮をむき、ざるにすりおろして、軽く水気をきります。
2 のりは8等分し、すりおろしたじゃが芋を平らにのせます。
3 中温(約170℃)に熱した油にのりを下にして入れ、浮いてきたら裏返して、色よく揚げます。
4 熱いうちにたれをからませ、木の芽をあしらいます。

すりおろしたじゃが芋を、のりに平らに塗って揚げます。

かみしめるほどにうまみがしみ出る

# 油揚げのするめもどき

〈材料〉
油揚げ……2枚
しょうゆ……大さじ1
七味唐辛子……少々

〈作り方〉

❶油揚げは5㎜の細切りにします。

❷フライパンでぱりっとするまで弱火で空いりし、しょうゆと七味唐辛子をふり、さっといって仕上げます。

# 豆腐の卵もどき

## 豆腐とにんじんをふんわり蒸して

〈材料〉

木綿豆腐……1丁
にんじん……1本
塩……小さじ½
片栗粉、ごま塩……各少々

白身には豆腐を、黄身にはにんじんを用い、布巾を使って形作ります。

〈作り方〉

❶豆腐は布巾に包み、重しをして水きりしたら、すり鉢ですりつぶし、塩を加えます。

❷にんじんは1㎝幅の輪切りにし、やわらかく蒸します。マッシャーなどでつぶし、布巾に包んで軽く水気をきり、4等分して丸めます。

❸布巾を広げて、❶の豆腐を手のひらぐらいに丸く広げ、❷のにんじんをのせ、布巾で包んで卵形に形を整え、片栗粉をまぶします。

❹❸をラップに包み、蒸気の上がった蒸し器で約5分蒸します。

❺粗熱がとれたら半分に切り、ごま塩をふります。

# 乾物を使いこなして

精進だしをとるための昆布や干し椎茸をはじめ、
高野豆腐やゆば、切り干し大根など、
精進料理に欠かせないのが乾物です。
植物性のタンパク質や食物繊維といった、
からだにいい成分を多く含んでいることから、
健康食品としても見直されています。
戻し方さえ知っておけば、とても便利で、
煮もの、和えもの、揚げものと
使い道もいろいろ。
料理の幅を広げてくれるうえ、
からだにいい乾物こそ、
今の食生活にもっと取り入れたい食材です。

# 高野豆腐

豆腐を凍らせてから乾燥させたもの。地方によって凍り豆腐、しみ豆腐とも呼ぶ。熱湯をかけて戻し、冷めたら両手で挟むようにして水きりする。煮もの、含め煮の天ぷら、田楽などに用いる。タンパク質、カルシウムが多く、消化もよい。

干し椎茸と昆布のうまみをじんわり煮含めた

## 高野豆腐の煮しめ

〈材料〉

| | |
|---|---|
| 高野豆腐 | 2枚 |
| 干し椎茸 | 4枚 |
| 昆布だし | 1カップ |
| 酒、みりん | 各大さじ2 |
| しょうゆ | 大さじ1 |
| 塩 | 小さじ½ |

〈作り方〉

❶高野豆腐は熱湯に5～6分ひたして戻し、水気を絞って6等分に切ります。干し椎茸は1カップ強の水で戻して、半分に切り、戻し汁はとっておきます。

❷鍋に、昆布だしを昆布ごと入れ、干し椎茸の戻し汁1カップ、調味料を合わせ、❶を入れ、煮立ったら中火で10分ほど煮含めます。

❸器に盛り、昆布も細く切って添え、あれば木の芽を飾ります。

揚げることでコクが増し、ボリュームのある一品に

## 高野豆腐の揚げ煮

〈材料〉

| | |
|---|---|
| 高野豆腐 | 2枚 |
| 干し椎茸 | 4枚 |
| にんじん | ½本 |
| いんげん | 4～5本 |
| 片栗粉 | 少々 |
| 昆布だし | 1カップ |
| 酒、みりん | 各大さじ2 |
| しょうゆ | 大さじ2 |
| 水溶き片栗粉（片栗粉大さじ1＋水大さじ2） | |
| ごま油 | 大さじ2 |
| 揚げ油 | 適量 |

〈作り方〉

❶干し椎茸は1カップ強の水で戻して、4等分にそぎ切りにし、戻し汁はとっておきます。

❷にんじんは薄いいちょう切りに。いんげんは3～4cm長さに切り、さっとゆでます。

❸高野豆腐を熱湯で戻し、6等分にそぎ切りにします。軽く絞って片栗粉をまぶし、中温（約170℃）の油でゆっくりころがすように揚げます。

❹フライパンにごま油を熱して、椎茸とにんじんをさっと炒め、昆布だし、干し椎茸の戻し汁1カップ、酒、みりん、しょうゆを合わせ、❸の高野豆腐を入れて3～4分煮ます。

❺いんげんを加え、水溶き片栗粉を加えてとろみをつけます。

# 乾燥ゆば

大豆の加工品。豆乳を加熱したときにできる膜を引き上げた生ゆばを干したもの。平ゆばのほかに、巻きゆばや結びゆばなどがある。戻さずに、そのまま汁ものや鍋ものに。戻すときはぬれ布巾に包み、含め煮や包み揚げ、酢のものに用いる。低カロリー、高タンパク質の健康食品。

酢をきかせることで、さっぱり味わえる

## ゆばの甘酢煮

〈材料〉

乾燥ゆば（大原木ゆばなど）12個
昆布だし……2カップ
みりん、酢……各大さじ2
酒、しょうゆ……各大さじ1

〈作り方〉

昆布だしに調味料を合わせ、ゆばを入れてひと煮立ちさせ、火を止めてそのまま冷まします。

●大原木ゆばは、たきぎのように重ねたゆばを細い昆布で束ねたもの。

味を煮含ませてから、和えものに

## ゆばの変わりなます

〈材料〉

乾燥ゆば（小巻ゆばなど）……適量
春菊……1/2束
長芋……10cm
昆布だし……1カップ
酒、みりん……各大さじ1
しょうゆ……小さじ1
合わせ酢
　酢、みりん……各大さじ2
　しょうゆ……大さじ1

〈作り方〉

1. 昆布だしに、酒、みりん、しょうゆを合わせ、ゆばを入れてひと煮立ちさせ、火を止めてそのまま冷まします。
2. 春菊はゆでて、3cm長さに切り、しょうゆ少々（分量外）をふり、絞ります。長芋は3～4mm厚さのいちょう切りにし、酢小さじ1（分量外）をふります。
3. 合わせ酢を作り、ゆば、春菊、長芋を和えます。

# 焼き麩

小麦のタンパク質（グルテン）を成形して焼いたもの。蒸したものが生麩。車麩、板麩、丁字麩のほか、花麩や手まり麩などもある。水で戻し、水気を絞って、和えものや煮もの、汁ものに用いる。植物性のタンパク質が多く含まれ、消化吸収がよい。

たっぷりのごまと三つ葉で風味よく

## 焼き麩の辛子ごま和え

〈材料〉

- 焼き麩（棒麩など）……1本
- 三つ葉……1束
- 煮汁
  - 昆布だし……1カップ
  - みりん……大さじ1
  - しょうゆ……小さじ2
- 白ごま……大さじ2
- 練り辛子……小さじ½
- しょうゆ……小さじ1
- みりん、酒……各大さじ1

〈作り方〉

❶焼き麩はぬるま湯で戻し、軽く絞って一口大にちぎり、煮汁でさっと煮ます。三つ葉はさっとゆで、3cm長さに切ります。

❷ごまは軽くいってすり鉢ですり、練り辛子、しょうゆ、みりん、酒を混ぜ合わせ、❶を和えます。

きゅうりとみょうがで夏向きの和えものに

## 焼き麩の酢みそ和え

〈材料〉

- 焼き麩（丁字麩など）……4個
- きゅうり……1本
- みょうが……4個
- 昆布だし……1カップ
- みりん、酒……各大さじ1
- しょうゆ……小さじ1
- 酢みそ
  - 白みそ……大さじ1
  - みりん、酢……各大さじ1

〈作り方〉

❶焼き麩はぬるま湯で戻し、軽く絞って一口大にちぎります。昆布だしに、みりん、酒、しょうゆを合わせて煮立て、麩をさっと煮て、ざるに上げ、汁気をきります。

❷きゅうりは薄い小口切り、みょうがは縦に薄切りにし、それぞれ塩ひとつまみ（分量外）をふり、和える前に水気を絞ります。

❸みそをみりんと酢でのばして酢みそを作り、❶と❷を和えます

# 大豆

栄養豊富なことから「畑の肉」と呼ばれる、優れた食品。みそ、しょうゆの原料で、豆腐、納豆、ゆば、きなこなどに加工される。たっぷりの水に一晩つけて戻してから、やわらかくゆで、煮豆や煮ものに。またはそのままいり豆にして用いる。

〈材料〉
大豆大さじ2　ごぼう½本　にんじん⅓本　こんにゃく⅓枚　干し椎茸2枚　高野豆腐1枚　煮汁（昆布だし2カップ　みりん、酒各大さじ2　しょうゆ大さじ1）みそ大さじ1　みりん、酒各大さじ2　ごま油大さじ1

〈作り方〉
❶大豆はたっぷりの水に一晩つけて戻し、そのままやわらかく煮ます。
❷ごぼうは縦半分に切ってから斜め薄切りにし、にんじんは短冊に切ります。こんにゃくはゆでて、薄切りに。干し椎茸は水で戻して、細切りに。高野豆腐は熱湯で戻して軽く絞り、食べやすく切ります。
❸鍋に煮汁の材料を合わせ、❶と❷を入れ、野菜がやわらかくなるまで煮ます。
❹みそは、みりんと酒でのばします。
❺フライパンにごま油を熱し、煮汁をきった❸を炒め、❹を加えて全体にからめます。

煮ものが残ったときにも応用できる料理法

## 五目鉄火みそ和え

香ばしくいった大豆に紅しょうがの酸味がアクセント

## いり豆の紅しょうが揚げ

〈材料〉
大豆大さじ4　紅しょうがのみじん切り大さじ1　小麦粉大さじ4　塩小さじ½　揚げ油適量

〈作り方〉
❶大豆をフライパンに入れて中火にかけ、皮がはじけるくらいまでゆっくりといります。
❷小麦粉に水¼カップ、塩を加えてころもを作り、❶と紅しょうがを入れてスプーンですくい、中温（約170℃）の油で揚げます。

# 切り干し大根

切った大根を天日乾燥したもの。切り方はいろいろあり、干すことで甘みと風味が増す。煮ものにするときは、水洗いしてから水またはぬるま湯でやわらかく戻し、水気をきって煮る。漬けものにするときは、水洗いして水気をきり、そのまま漬ける。

## 当座漬け

歯ざわり抜群の漬けものは、癖になるおいしさ

〈材料〉
切り干し大根（にんじん入りタイプ）30g　細切り昆布少々　赤唐辛子の小口切り1本分　酢、酒各大さじ2　しょうゆ大さじ1

〈作り方〉
❶切り干し大根はさっと洗い、絞ります。
❷酢、酒、しょうゆを合わせて、昆布と赤唐辛子を入れ、切り干し大根を半日ほど漬けます。

## 切り干しのかき揚げ

やわらかく戻さずに歯ざわりを楽しんで

〈材料〉
切り干し大根20g　にんじん5cm　小麦粉大さじ4　塩少々　揚げ油適量

〈作り方〉
❶切り干し大根は水につけ、すぐに絞ります。にんじんはせん切りに。
❷小麦粉に水1/4カップと塩を加えて衣を作ります。
❸❶を混ぜ小麦粉（分量外）をふり、❷をつけて、中温の油で揚げます。

## 切り干しと春菊のごま酢和え

やわらかく戻して和えものにプラス

〈材料〉
切り干し大根20g　春菊1/2束　白ごま大さじ4　みりん大さじ2　酢、酒各大さじ1　しょうゆ小さじ1

〈作り方〉
❶切り干し大根は水につけ、やわらかくなるまで戻し、絞ります。春菊はゆで、4cm長さに切り、しょうゆ小さじ1（分量外）をふって絞ります。
❷ごまは軽くいってすり鉢ですり、みりん、酢、酒、しょうゆを合わせ、❶を和えます。

## 干し椎茸

ビタミンB群、食物繊維が多く、血中コレステロールを下げる成分も含まれている。天日乾燥したものには、ビタミンDも含まれる。水で戻す場合は20～30分おく。急ぐときはぬるま湯に砂糖少々を加えるとよい。戻し汁は煮ものに用いる。

凝縮したうまみは、干し椎茸ならでは

# 干し椎茸の照り煮

〈材料〉
干し椎茸4枚　酒、みりん各大さじ2　しょうゆ大さじ1　ごま油大さじ1　白ごま少々

〈作り方〉
❶干し椎茸は水で戻し、食べやすい大きさに切り、戻し汁はとっておきます。
❷フライパンにごま油を熱して❶を炒め、酒、みりん、しょうゆを入れ、干し椎茸の戻し汁1カップを加え、弱火で煮汁がなくなるまで煮ます。器に盛り、白ごまを散らします。

## だし昆布

日高昆布、利尻昆布、羅臼昆布が代表的で、精進だしに欠かせない素材。グルタミン酸を多く含んでいるため、うまみが強い。用途により、煮昆布、だし昆布の名で売られている。だしをとったあとの昆布も捨てずに、佃煮などに用いる。

形はお好みで。お茶うけにも

# 揚げ昆布

〈材料〉
だし昆布適量　塩少々　揚げ油適量

〈作り方〉
❶昆布は固く絞ったぬれ布巾で拭き、はさみで4～5㎝長さに切り、細かく蛇腹に切り目を入れます。
❷中温（約170℃）の油でゆっくり素揚げにし、塩をふります。

# 乾物で作るからだにやさしい精進弁当

海の幸・山の幸の保存を目的とし、古来より料理に使われていた乾物。和食の基本であるだしに使う昆布や干し椎茸をはじめ、大豆や切り干し大根など、日本の食を語る上で、欠かすことのできない重要な食材です。料理にうまみを加えるだけでなく、植物性の良質なタンパク質や、食物繊維、ミネラルなどを多く含み、しかも低カロリーなことから、健康食品やダイエット食品として、注目されています。

　常備できる乾物は、お弁当作りにも力を発揮してくれます。ここで使ったのは、高野豆腐、切り干し大根、きくらげ、干し椎茸、五目ひじきの五種。フライ、炊き込みご飯、煮もの、漬けものも、すべて乾物におまかせ。乾物を活用した精進弁当はからだにいいのも自慢です。

## きくらげ入り豆腐ハンバーグ

**〈材料〉** きくらげ少々　木綿豆腐1/2丁　塩少々　片栗粉大さじ1　蒸し大豆大さじ1　ごま油大さじ2

**〈作り方〉** ❶きくらげはぬるま湯につけて戻しスライスします。豆腐は布巾に包み、水気をしっかり絞り、つぶします。❷豆腐に塩、片栗粉を混ぜ、きくらげと大豆を加えて小判形に丸めます。❸フライパンにごま油を熱し、両面をこんがり焼きます。

**きくらげ**
天日干しなので戻すとよく増える。和風のほか、中華風や洋風料理にも。

## 高野豆腐のフライ

**〈材料〉** 高野豆腐2枚　小麦粉、長芋のすりおろし、パン粉各少々　揚げ油適量

**〈作り方〉** ❶高野豆腐は熱湯に2〜3分ひたして戻しおろし、パン粉の順にころもをつけ中温(約170℃)の油で揚げます。

**高野豆腐**
厳選した丸大豆を使い、丹念に作られたコクのある味が特徴。

## 切り干し大根の当座漬け

**〈作り方〉** 69ページ参照

**人参ミックス**
**切干大根**
気候、風土に恵まれた宮崎産の青首大根を使用。熊本産の人参を加えて彩りもよく、栄養的にも優れた食品。

## 干し椎茸の照り煮

**〈作り方〉** 70ページ参照

**椎茸　中葉**
うまみのある九州産の椎茸を使用。7〜8分開きで採取した中葉は、身が薄めで、戻しやすく、普段使いに便利。

## 五目ひじきの炊き込みご飯

**〈材料〉** 米2カップ　「京のおばんざい　五目ひじき」1袋

**〈作り方〉** 米は洗い、水2カップを入れ、五目ひじきの豆と具材、液体だしを加え、普通に炊きます。

**京のおばんざい**
**五目ひじき**
芽ひじき、大豆、ごぼう、にんじん、きくらげ入り。添付のだしで煮るだけで、本格的な味が楽しめるすぐれもの。

# フルーツが生まれ変わる

伝統の味、というイメージの強い精進料理ですが、
意外にもフルーツを使った
斬新な料理がいろいろあります。
口に入れた瞬間、
まるで、ヌーヴェル・キュイジーヌの
フレンチを食べているような、
目からうろこのおいしさです。
伝統料理の中に、
これまで味わったことのない
刺激的な料理があることを、
精進料理は教えてくれます。

## いちじくの田楽

白みそとの組み合わせが新鮮。固めのいちじくで

〈材料〉
- いちじく……4個
- 白みそ……大さじ2
- 柚子の皮……少々

〈作り方〉
❶いちじくは皮をむいて器に入れ、蒸気の上がった蒸し器で4～5分蒸します。
❷白みそを❶の蒸し汁大さじ1でのばし、❶にかけて余熱で蒸らし、柚子の皮をおろして散らします。

## キウイきんとん

長芋と大和芋、二種類合わせるのがコツ

〈材料〉
- キウイ……1個
- 長芋……6cm
- 大和芋……6cm
- はちみつ……大さじ1
- 塩……少々

〈作り方〉
❶キウイは皮をむいていちょう切りにし、はちみつをかけておきます。
❷長芋と大和芋は皮をむき、1cmの輪切りにし、酢水につけます。6～7分蒸してつぶし、塩をふり、❶のキウイを混ぜ合わせます。

## プルーンとにんじんのはちみつ煮

プルーンがにんじんの甘みを引き立てる

〈材料〉
- ドライプルーン……6個
- にんじん……1/2本
- はちみつ……大さじ2

〈作り方〉
❶にんじんは皮をむき、一口大の乱切りにします。
❷水2カップにはちみつを加えて、にんじんを煮ます。やわらかくなったらプルーンを加えて2～3分煮、火を止めてそのまま冷まします。

衣にほんの少し塩をきかせて。ワインにも合う

# 干し柿のくるみ揚げ

〈材料〉

干し柿……2個
くるみ……大さじ1
小麦粉……大さじ2
塩……少々
黒ごま……少々
揚げ油……適量

〈作り方〉

①干し柿は切り目を入れ、種を取り出します。くるみは粗く砕き、干し柿に詰めて、楊枝で止めます。

②小麦粉に水大さじ4、塩、黒ごまを加えて衣を作り、❶につけて、中温（約170℃）の油で揚げます。半分に切って器に盛ります。

やわらかく煮過ぎないように注意して

# 干しいちじくの黒砂糖煮

〈材料〉

干しいちじく……8個
黒砂糖……大さじ2

〈作り方〉

❶水1½カップに干しいちじくを10分ほどひたします。
❷❶に黒砂糖を加えて溶かし、5～6分煮ます。火を止めて、そのまま冷まします。

オードブル感覚で手でつまんで食べたい

# 干しあんずとぶどうの天ぷら

〈材料〉

干しあんず……2個
ぶどう……大4個
ドライプルーン……8個
ピーナッツ……大さじ1
小麦粉……大さじ2
塩……少々
揚げ油……適量

〈作り方〉

❶あんずは縦半分に切ります。ぶどうは皮をむき、あんずにのせます。
❷プルーンは手でちぎり、ピーナッツを混ぜます。
❸小麦粉に水大さじ4、塩を加えて衣を作ります。❶と❷にそれぞれ衣をつけ、中温の油（約170℃）で揚げます。

水気をよくきるのがおいしさのコツ

## 梨のごま和え

〈材料〉

梨……1/2個
黒ごま……大さじ1
みりん……大さじ1

〈作り方〉

❶梨は皮をむいていちょう切りにし、塩水（分量外）につけます。
❷ごまをすり鉢ですり、みりんを加え、水気をきった梨を和えます。

ピーナッツの代わりにくるみを使っても

## りんごのピーナッツ酢和え

〈材料〉

りんご……1/2個
ピーナッツ……大さじ1
みりん……大さじ1
酢……大さじ1
塩……少々

〈作り方〉

❶りんごは皮ごといちょう切りにし、塩水（分量外）につけます。
❷ピーナッツは粗く刻み、すり鉢ですります（フードプロセッサーにかけてもよい）。みりん、酢、塩を加えて調味し、水気をきったりんごを和えます。

酸味をきかせた大根おろしでさっぱりと

# ぶどうと菊花のみぞれ和え

〈材料〉
- ぶどう（巨峰など）……1カップ
- 菊花……1/2パック
- 大根おろし……1/2カップ
- みりん……大さじ1
- 酢……大さじ1
- 塩……少々

〈作り方〉
1. ぶどうは皮をむき、種を取ります。
2. 菊は花びらをほぐし、酢少々（分量外）を入れた湯でさっとゆで、ざるに広げて冷まします。
3. 大根おろしはざるで軽く水気をきり、みりん、酢、塩を混ぜ、❶と❷を和えます。

ビタミンCと鉄分不足の解消におすすめ

# キウイとプルーンのはちみつ和え

〈材料〉
- キウイ……1個
- ドライプルーン……6個
- はちみつ……大さじ1

〈作り方〉
1. キウイは皮をむいていちょう切りにし、芯が固い場合は除きます。プルーンは細かくちぎります。
2. ❶をはちみつで和えます。

こころ豊かに

# 精進の知恵レシピ

一つの素材を何通りにも使いこなすのも、
残りものをリサイクルするのも、
野山に自生する旬の素材を生かすのも、
知恵を働かせてのこと。
精進料理は、無駄なく、おいしく
料理するための知恵の宝庫です。
あれが足りない、これがなければできないと、
材料にしばられずに、
身近にある素材をいかに使いこなすか。
工夫することに、料理の楽しみがあります。
一つの素材をとことん生かしきる、
それが精進料理のこころです。

## 【その二】大根を使いきる

精進料理の根本精神は、殺生をしない（無駄にしない）こと。大根一本あれば、煮もの、和えもの、炒めもの、揚げもの、漬けものと、葉も皮も、余すことなくいただきます。さらに使いきれないときは、刻んで干して、自家製の切り干し大根にします。

冬大根のみずみずしいおいしさを味わうなら

### 大根と干し柿の和えもの

**〈材料〉**
大根10cm　干し柿1個　酢、みりん各大さじ2　塩小さじ½
白ごま少々

**〈作り方〉**
❶大根は細切りにし、塩少々（分量外）をふり10分ほどおきます。干し柿は細切りにし、酒少々（分量外）をふっておきます。
❷❶の大根を洗って、水気をしっかり絞り、干し柿と合わせます。
❸酢、みりん、塩、ごまを合わせ、❷を和えます。

しっかり味のしみた大根を香ばしく焼いて

### 大根の香味焼き

**〈材料〉**
大根……10cm
昆布だし……2カップ
しょうゆ、みりん、酒……各大さじ1
塩……小さじ½
黒ごま……少々

**〈作り方〉**
❶大根は皮をむき、約1.5cm厚さの半月に切りにし、米のとぎ汁で下ゆでします。
❷昆布だしに調味料を合わせ、大根をやわらかくなるまで煮含めます。
❸完全に冷めたら大根の汁気をきり、黒ごまを散らし、オーブントースターで焼き目をつけます。

大根と相性のいいみそ味で。ご飯がすすむ一皿

### 大根のみそ炒め

**〈材料〉**
大根……10cm
赤唐辛子の小口切り……1本分
昆布だし……1カップ
みそ、みりん……各大さじ1
酒……大さじ2
ごま油……大さじ2

**〈作り方〉**
❶大根は乱切りにします。
❷フライパンにごま油を熱して赤唐辛子を入れ、大根を炒めます。全体に油が回ったら、昆布だしを加えて煮ます。
❸みそにみりんと酒を合わせ、大根がやわらかくなったところに加え、全体にからめます。

葉はごま油で炒めてから加えるのがコツ

# 大根の共葉汁

〈材料〉
大根……6cm
大根葉……½カップ
昆布だし……2½カップ
しょうゆ、酒……各大さじ2
塩……適量
ごま油……大さじ1
水溶き片栗粉
（片栗粉大さじ1＋水大さじ2）

〈作り方〉
❶大根は5mm厚さのいちょう切りにし、大根葉はみじん切りにします。
❷昆布だしにしょうゆ、酒、塩小さじ½を合わせ、大根を煮ます。
❸フライパンにごま油を熱し、大根葉を炒め、塩少々をふります。
❹❷に炒めた葉を入れてひと煮立ちさせ、水溶き片栗粉を加えてとろみをつけます。

煮ものを揚げる、中国の伝統的な普茶料理

# 大根の黄檗《おうばく》天ぷら

〈材料〉
大根……10cm
昆布だし……3カップ
みそ……大さじ1
みりん、酒……各大さじ2
小麦粉……¼カップ
黒ごま……少々
塩……少々
揚げ油……適量

〈作り方〉
❶大根は5mm厚さのいちょう切りにします。
❷昆布だしにみそ、みりん、酒を加えて大根を煮含めます。
❸小麦粉に水½カップ、黒ごま、塩を加えて薄衣を作ります。
❹大根の煮汁をきり、薄衣をつけて、中温（約170℃）の油で揚げます。

## 菜飯

葉にはカロチン、ビタミンCがたっぷり

〈材料〉

米……2カップ
大根葉……1/2カップ
白ごま……適量
だし昆布……5cm角1枚
塩……少々

〈作り方〉

❶米はとぎ、水2カップと昆布を入れ、普通に炊きます。
❷大根葉はゆで、水気を絞ってみじん切りにし、軽く塩をふります。
❸炊き上がったご飯に❷を混ぜて蒸らし、ごまをふります。

## 大根の皮と葉のもみ漬け

捨てるところは一切なし。皮はきんぴらにしても

〈材料〉

大根の皮、葉……各適量
しょうゆ……適量

〈作り方〉

大根の皮は細切りにします。大根葉はみじん切りにし、塩少々（分量外）でもんで水気を絞り、しょうゆをまぶし、半日ほど漬けます。

# 【その二】豆腐を使いこなす

野菜中心の精進料理にとって、
栄養的にすぐれた豆腐は大切な素材。
そのまま使う以外にも、
くずしたり、すりつぶしたり、
何通りにも使えるのが、
豆腐の持ち味です。
とことん生かす知恵から
生まれた豆腐料理は、
実にバラエティ豊か。

## 薄墨豆腐

いったん凍らせることで高野豆腐のような食感に

〈材料〉

絹ごし豆腐……………1丁
黒ごま…………………大さじ2
白ごま…………………大さじ1
だし昆布……………15cm長さ1枚
酒………………………適量
しょうゆ、みりん…各大さじ1
塩……………………小さじ½

〈作り方〉

❶豆腐はパックの水を捨て、冷凍室に一晩おいて凍らせ、翌日自然解凍して、4等分にします。
❷小さい土鍋か厚手の鍋に、昆布を敷いて豆腐を並べ、酒と水を同割りにして、豆腐がかぶるくらい注ぎ、煮立てないように中火にかけます。豆腐が温まったら、しょうゆ、みりん、塩を加えます。
❸黒ごまと白ごまを合わせてすり鉢でよくすり、豆腐に味がしみたらごまをかけ、ふたをして鍋をゆすり、ごまを散らします。
❹火を止めて昆布を取り出し、冷めたら再び弱火で煮てごまをなじませます。

チーズのような味わいは、酒の肴にぴったり

## 豆腐のみそ漬け

〈材料〉

木綿豆腐……1丁
みそ……1カップ
みりん……大さじ3
酒……大さじ2

〈作り方〉

❶豆腐は布巾に包んで重しをのせ、30分以上おいて水きりします。
❷みそにみりんと酒を混ぜ、豆腐1丁が入る容器に半量を敷きつめます。
❸❶の豆腐をガーゼに包んで❷にのせ、残りのみそでおおい、冷蔵庫で1日以上漬けます。2〜3日おくと味がよくなじみます。食べやすく切って皿に盛り、あれば木の芽を飾ります。

水きりした木綿豆腐の食感を楽しんで

## 〆豆腐の煮しめ

〈材料〉

木綿豆腐……1丁
にんじん、オクラ……各適量
昆布だし……2カップ
酒、みりん、しょうゆ……各大さじ1
塩……小さじ1/2

〈作り方〉

❶豆腐は布巾に包み、重しをして半日ほど冷蔵庫に入れて水きりします。にんじんは小さめに乱切りにし、オクラは斜め半分に切ります。
❷昆布だしに、酒、みりん、しょうゆ、塩を合わせて❶を入れ、煮立てないように弱火で煮含めます。
❸豆腐は食べやすく切り分けて、器に盛ります。

豆腐を炒めるときの音から、別名かみなり飯とも

# 豆腐の炊き込みご飯

〈材料〉

米……………………2カップ
木綿豆腐………………½丁
干し椎茸………………2枚
きくらげ………………2片
にんじん………………2cm
だし昆布…………5cm角1枚
みりん、しょうゆ、酒
……………………各大さじ1
ごま油……………大さじ1
ごま塩…………………少々

〈作り方〉

❶豆腐は布巾に包んで重しをし、水きりします。

❷干し椎茸ときくらげは水で戻し、椎茸は粗みじん切りにし、きくらげはせん切りに。にんじんはみじん切りにします。

❸フライパンにごま油を熱して、❷を炒め、みりん、しょうゆ、酒で調味し、水きりした豆腐をつぶして加え、よくいって水気をとばします。

❹米はとぎ、水2カップを注ぎ、❸と昆布を入れて普通に炊きます。

❺昆布を取り出し、せん切りにして混ぜ、器に盛り、ごま塩をふります。

大和芋を入れて、もちっとした食感に

# 豆腐のふくさ焼き

〈材料〉

木綿豆腐1丁　にんじん2㎝
干し椎茸1枚　きくらげ2片
大和芋のすりおろし½カップ
みりん、しょうゆ、酒各大さじ1　塩小さじ½　ごま油少々

〈作り方〉

❶豆腐は布巾に包んで重しをし、水きりします。干し椎茸は1カップ強の水で戻してせん切りにし、戻し汁はとっておきます。きくらげも水で戻し、せん切りに。にんじんはみじん切りにします。

❷椎茸の戻し汁1カップに、みりん、しょうゆ、酒を合わせ、椎茸、きくらげ、にんじんを入れ、煮含めます。

❸水きりした豆腐をすり鉢ですりつぶし、大和芋と塩を入れてすり混ぜ、❷を加えてよく混ぜます。

❹フライパン（あれば卵焼き器）にごま油を熱して❸を入れ、両面を色よく焼きます。食べやすく切って、器に盛ります。

しょうがの風味のきいたあんをかけて

# 豆腐まんじゅう

〈材料〉

木綿豆腐1丁　にんじん2㎝
干し椎茸2枚　きくらげ1片
大和芋のすりおろし½カップ
ぎんなん(水煮)4個　酒、みりん、しょうゆ各大さじ1　塩小さじ1　水溶き片栗粉(片栗粉大さじ2＋水大さじ4)　おろししょうが少々

〈作り方〉

❶豆腐は布巾に包んで重しをし、水きりします。干し椎茸は1カップ強の水で戻してみじん切りにし、戻し汁はとっておきます。きくらげも水で戻し、せん切りに。にんじんはみじん切りにします。

❷椎茸の戻し汁1カップに、酒、みりん、しょうゆを合わせ、椎茸、きくらげ、にんじんを煮て、ざるに上げ、煮汁はとっておきます。

❸水きりした豆腐をすり鉢に入れてよくすり、大和芋と塩を加えてすり混ぜ、❷の具を混ぜ合わせます。4等分して上にぎんなんをのせ、ラップで茶巾に絞ります。

❹蒸気の上がった蒸し器で5～6分蒸します。

❺❷の煮汁に水溶き片栗粉を加えてとろみのついたあんを作ります。器に盛った❹にかけ、おろししょうがをのせます。

## 【その三】梅干しの味わい

禅の修行道場では、白粥の朝食や、毎朝飲む梅湯（砂糖を入れて長時間煮込んだ梅干しに白湯を注いだもの）に、欠かせないのが梅干しです。特有の酸味をいかして、汁ものや和えものにも応用可能。酸味成分のクエン酸には、疲労回復や整腸作用、殺菌作用などがあるので、疲れぎみのときにおすすめします。

### 梅若汁

いたってシンプルだけれど、奥の深い禅味

〈材料〉

- 梅干し……1個
- わかめ……適量
- 昆布だし……2カップ
- しょうゆ……小さじ1
- 酒……大さじ1

〈作り方〉

❶わかめはざく切りにします。

❷梅干しはほぐし、種ごと昆布だしに入れて煮立て、しょうゆと酒で調味し、わかめを入れて火を止めます。

### 日の出揚げ

甘露煮にした梅干しを薄衣で揚げた伝統料理

〈材料〉

- 梅干し……大2個
- はちみつ……大さじ1
- 小麦粉……大さじ2
- 黒ごま……少々
- オクラ……適量
- 揚げ油……適量

〈作り方〉

❶梅干しは楊枝で5～6ヶ所刺し、水に30分つけて塩抜きします。

❷鍋に水1カップとはちみつを入れ、梅干しを2～3分煮ます。

❸小麦粉に水大さじ4と黒ごまを加えて衣を作り、汁気をきった❷の梅干しにつけ、中温（約170℃）の油で揚げます。オクラも衣をつけて揚げ、梅干しに添えて盛ります。

## ぜんまいの梅煮

梅干しの酸味がきいたさっぱり味が新鮮な味わい

〈材料〉

梅干し……1個
ぜんまいの水煮……1カップ
昆布だし……2カップ
酒……大さじ2
しょうゆ……小さじ1

〈作り方〉

❶ぜんまいは食べやすい長さに切ります。
❷昆布だしに酒としょうゆを合わせ、梅干しをほぐして入れ、ぜんまいを5〜6分煮ます。

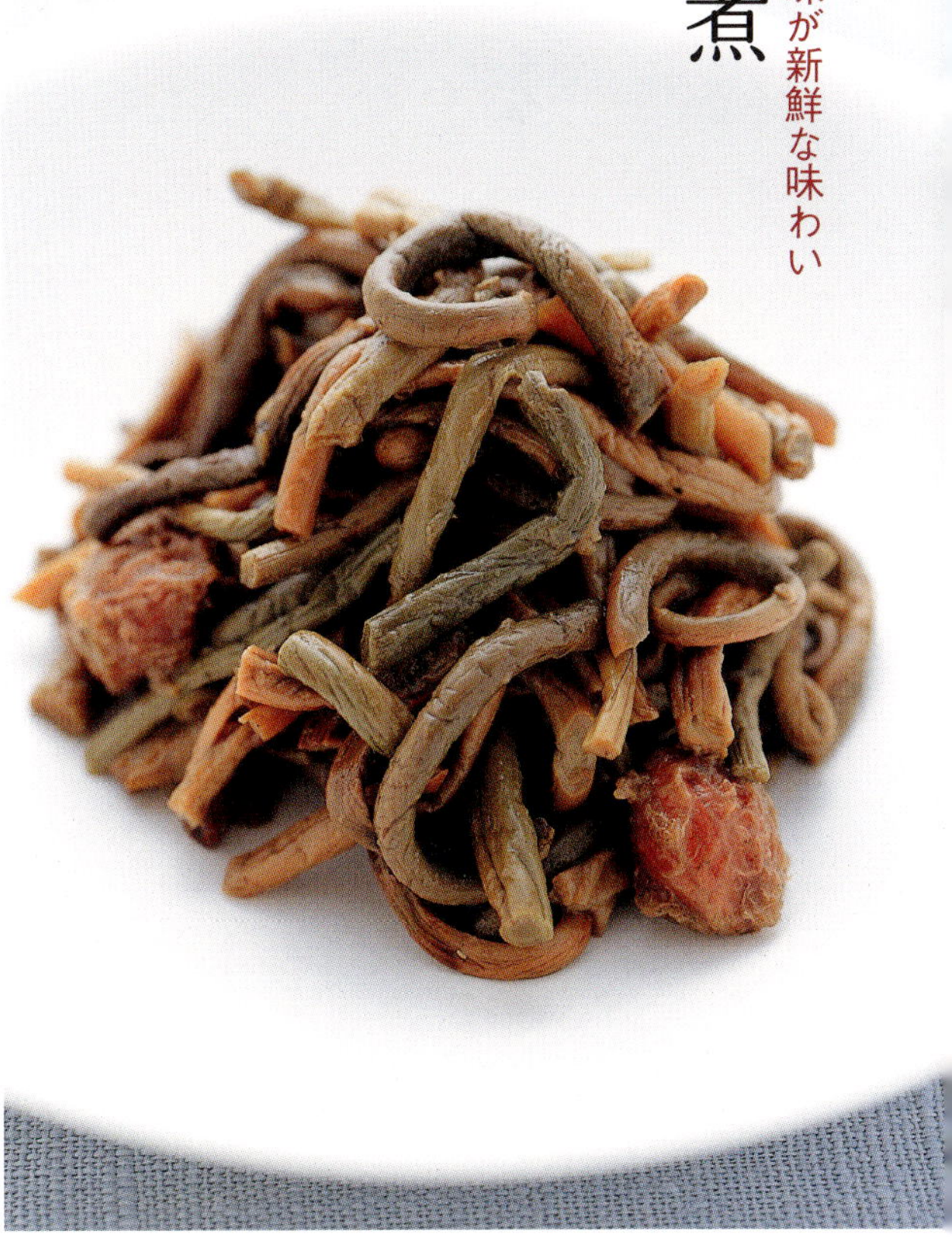

## 新じゃがの梅肉和え

みりんを加えて食べやすく

〈材料〉

梅干し……1個
新じゃが芋……中1個
みりん……大さじ1

〈作り方〉

❶じゃが芋は皮をむいて細切りにし、歯ざわりよくゆでます。
❷梅干しは種をはずし、包丁でたたいてみりんでのばし、❶と和えます。

## 梅干しのとろろ昆布和え

お茶漬けにしてもほっとする味

〈材料〉

梅干し……2個
とろろ昆布……大さじ2
酒、みりん……各小さじ1

〈作り方〉

❶梅干しは種をはずし、包丁でたたいて、酒、みりんを合わせます。
❷とろろ昆布はフライパンで空いりし、❶と和えます。

# 【その四】摘み菜料理

ふきのとうや、たらの芽など、冬にエネルギーを蓄えて一気に芽吹く山菜は、春のごちそうのひとつですが、裏山や庭先に自生する野草にも、食材になるものがいろいろあります。たんぽぽ、よもぎ、桑の葉、野ぶき。ほろ苦さこそが野草の味です。

**よもぎ**

春を代表するキク科の野草。草餅の材料になることから、餅草ともいう。カロチン、鉄、カルシウムを多く含む。

**たんぽぽ**

種類は豊富で、若葉や花を食用する。ほろ苦さが特徴。葉は生のままサラダにしたり、ゆでておひたしにも。

やわらかい若葉を摘んで、春の香りを楽しむ

## よもぎのおひたし

〈材料〉

よもぎの若葉……ひとつかみ
昆布だし……大さじ1
しょうゆ、酒……各小さじ1
白ごま……少々

〈作り方〉

❶よもぎは、塩ひとつまみ（分量外）を入れた熱湯でゆで、水に2〜3分さらして絞ります。3〜4㎝長さに切り、しょうゆ少々（分量外）をふり、絞ります。

❷昆布だしにしょうゆ、酒を合わせ、❶にまわしかけます。粗くすったごまをふります。

ほんのり酢をきかせて、苦みをいかす

## たんぽぽの茎炒め

〈材料〉

たんぽぽの茎……12〜13本
酒……大さじ1
酢、塩……少々
ごま油……大さじ1

〈作り方〉

❶たんぽぽの茎は3〜4㎝長さに切り、塩少々（分量外）を入れた水に2〜3分さらし、水気をきります。

❷フライパンにごま油を熱して❶を炒め、酒、酢、塩で調味します。

**桑の葉**

クワ科。若葉は天ぷらやおひたしなどで食用する。秋に甘酸っぱく熟した実も生食できる。

**野ぶき**

葉柄を食べるふきとは品種が異なり、山野に自生するふき。若葉を天ぷらなどで食用する。

## 桑の葉の天ぷら

衣は厚くつけずに、色よく仕上げて

〈材料〉

桑の若葉……4〜5枚

小麦粉……大さじ2

塩……少々

揚げ油……適量

〈作り方〉

❶小麦粉に水大さじ4と塩を加えて衣を作ります。

❷桑の葉は洗って水気をふき、小麦粉少々（分量外）をまぶしてから衣をつけ、中温（約170℃）の油で衣がかりっとするまで揚げます。好みで山椒塩を添えます。

## ふきみその葉包み

ふきのとうの代わりに野ぶきを使って

〈材料〉

野ぶきの葉と茎……4枚分

ピーナッツ……少々

白ごま……少々

赤みそ、白みそ……各大さじ1

みりん、酒……各大さじ2

ごま油……大さじ1

〈作り方〉

❶ふきは葉つきのまま、塩少々（分量外）を入れた熱湯でゆで、水にさらして水気を絞り、茎はみじん切りにします。ピーナッツは粗みじんに切ります。

❷赤みそ、白みそ、みりん、酒を合わせます。

❸フライパンにごま油を熱して、❷とふきの茎を弱火で練り合わせ、ピーナッツとごまを混ぜます。

❹粗熱がとれたら、ふきの葉で巻きます。

## 【その五】煮ものが生まれ変わる

残った煮もののリサイクルも、
精進料理の得意とするところ。
ひと手間かければ、
翌日は新しい料理に生まれ変わります。
だれも昨日の残りものだとは気づかないはず。
わざわざ煮ものを作ってでも
食べたくなるものばかりです。

### いかだごぼう

いつものごぼうの天ぷらとはひと味違うおいしさ

〈材料〉
ごぼうの煮もの
- ごぼう……20cm
- 昆布だし……1カップ
- 酒、しょうゆ、みりん……各大さじ1
- 小麦粉……大さじ2
- 黒ごま、塩……各少々
- 揚げ油……適量

〈作り方〉
❶ごぼうは皮を包丁の背でこすり取り、4～5cm長さに切り、太ければ半割りか四つ割りにします。昆布だしに、酒、しょうゆ、みりんを合わせた煮汁で、煮含めます。
❷小麦粉に水大さじ4、ごま、塩を加えて衣を作り、煮汁をきったごぼうにつけ、中温（約170℃）の油で揚げます。

### 里芋と大根の衣揚げ

建長汁や筑前煮の残りものがあればそれを使って

〈材料〉
里芋と大根の煮もの
- 里芋……2個
- 大根……6cm
- 昆布だし……2カップ
- 酒、みりん……各大さじ2
- しょうゆ……大さじ2
- 塩……小さじ1
- 小麦粉……大さじ4
- 黒ごま、塩……少々
- 揚げ油……適量

〈作り方〉
❶里芋は皮をむいて、半分に切り、やわらかくゆでます。大根は1.5cm厚さの半月に切り、下ゆでします。
❷昆布だしに、酒、みりん、しょうゆ、塩を合わせた煮汁で、❶を煮含めます。
❸小麦粉に水3/4カップ、塩、ごまを加えて衣を作り、煮汁をきった❷につけ、中温（約170℃）の油で揚げます。

# こんにゃくのピーナッツ揚げ

〈材料〉
こんにゃく……½枚
ピーナッツ……大さじ1
しょうゆ、みりん…各大さじ1
小麦粉……大さじ2
黒ごま、塩……各少々
揚げ油……適量

〈作り方〉
❶こんにゃくはちぎって、空いりし、しょうゆとみりんを加えて味をからめます。
❷ピーナッツは半分に割ります。
❸小麦粉に水大さじ4、ごま、塩を合わせて衣を作り、❶と❷を入れ、スプーンですくって油の中に落とし、中温（約170℃）で色よく揚げます。

# 高野豆腐の大和芋揚げ

〈材料〉
高野豆腐の煮もの
高野豆腐……1枚
昆布だし……1カップ
みりん、酒……各大さじ1
しょうゆ、塩……各小さじ1
大和芋のすりおろし…1カップ
黒ごま……少々
揚げ油……適量

〈作り方〉
❶高野豆腐は熱湯で戻して、水気を絞り、1㎝角に切ります。昆布だしにみりん、酒、しょうゆ、塩を合わせて、煮含めます。
❷大和芋に、汁気をきった高野豆腐とごまを合わせ、スプーンで丸めながら油の中に落とし、中温（約170℃）で色よく揚げます。

# ひじきずし

甘辛味のついた煮ものは、すしの具に最適

〈材料〉

米……2カップ

（押し麦を一割混ぜてもよい）

すし酢

酢、みりん……各大さじ3

塩……ひとつまみ

大根……5cm

ひじきの煮もの

乾燥ひじき……大さじ2

高野豆腐……½枚

干し椎茸……2枚

厚揚げ……½枚

にんじん……5cm

みりん、酒……各大さじ2

しょうゆ……大さじ1

ごま油……大さじ1

〈作り方〉

❶米はとぎ、水2カップを入れて炊き、熱いうちにすし酢を加えてすし飯を作ります。大根は細切りにし、塩もみします。

❷ひじきはぬるま湯で戻します。高野豆腐は熱湯で戻し、水気を絞って角切りにします。干し椎茸は1カップ強の水で戻してせん切りにし、戻し汁はとっておきます。厚揚げは薄く角切りにし、にんじんはいちょう切りにします。

❸フライパンにごま油を熱し、ひじき、高野豆腐、椎茸、にんじんを炒め、みりん、酒、しょうゆで調味します。厚揚げと椎茸の戻し汁1カップを入れ、アクを取りながら煮含めます。

❹❶のすし飯に、❸と❶の大根を混ぜ合わせます。

煮汁もあんかけに利用して

# 里芋の茶巾絞り

〈材料〉

里芋……2個

干し椎茸……1枚

にんじん……2cm

ぎんなん(水煮)……4個

しょうゆ、みりん、酒……各小さじ1

水溶き片栗粉

(片栗粉小さじ1＋水小さじ2)

しょうがの絞り汁……少々

〈作り方〉

❶里芋は皮をむき、1cmの輪切りにし、ゆでます。

❷干し椎茸は1カップ強の水で戻してみじん切りにし、戻し汁はとっておきます。にんじんはみじん切りにします。

❸椎茸の戻し汁1カップに、しょうゆ、みりん、酒を合わせ、椎茸とにんじんを煮含めます。

❹ゆでた里芋をつぶし、4等分してラップに平らに広げ、煮汁をきった❸を等分してのせ、上にぎんなんをのせ、茶巾に絞って形を整え、上にぎんなんをのせます。

❺❸の残った煮汁を火にかけて、水溶き片栗粉でとろみをつけ、しょうがの絞り汁を加えてあんを作り、❹にかけます。

# 家庭で作る精進のおやつ

特別な素材をそろえる必要がないのは、おやつも同じこと。主役になる材料は、長芋、大和芋、豆腐、ごま、こんにゃく。はちみつや黒砂糖で甘みをつけた精進のおやつは、どれもほっとする味です。

水を使わずに、豆腐を合わせて練るのがコツ

## 豆腐白玉

〈材料〉
絹ごし豆腐70g　白玉粉50g
黒みつ大さじ1　白ごま適量

〈作り方〉
❶白玉粉に豆腐を合わせてよく練り、12等分して小さく丸め、中央を少しへこませます。熱湯でゆで、浮き上がってきたら、冷水に取り、水気をきります。
❷黒みつを敷いて白玉を盛り、粗ずりのごまをのせます。

ほくほくに蒸した長芋が美味

## 蒸し長芋のはちみつがけ

〈材料〉
長芋20cm　はちみつ大さじ2
塩少々　干しあんず少々

〈作り方〉
❶長芋は皮をむいて1cmの輪切りにし、塩をパラッとふりかけて7～8分蒸します。
❷はちみつをかけて、薄く切ったあんずをのせます。

まったりとした
ごまのコクを楽しんで

## ごま汁粉

〈材料〉
練りごま（黒）大さじ4　はちみつ大さじ2　塩少々　水溶き片栗粉（片栗粉大さじ1＋水大さじ2）　白玉団子8個　くるみ少々

〈作り方〉
1. 練りごま、はちみつ、塩、水2カップを合わせて煮溶かし、水溶き片栗粉を加えてとろみをつけます。
2. 白玉団子を入れた器に注ぎ、砕いたくるみをのせます。

山芋を使った、鹿児島の伝統的なお菓子

## かるかん

〈材料〉
大和芋70g　三温糖120g　上新粉90g　ドライブルーベリー少々

〈作り方〉
1. 大和芋は皮をむき、酢水に5〜6分さらし、すりおろします。水120㎖、三温糖、上新粉を加えて混ぜます。
2. ぬらした型に流し入れ、上にブルーベリーをのせ、蒸気の上がった蒸し器で20〜25分蒸します。

味がからみやすいように切り目を入れて

## 素揚げこんにゃくの黒みつがらめ

〈材料〉
こんにゃく1/2枚　黒砂糖大さじ1　揚げ油適量

〈作り方〉
1. こんにゃくは、上下に細かく切り目を入れて、2㎝大の角切りにし、下ゆでしてから、素揚げにします。
2. 水1/2カップに黒砂糖を加えて煮詰め、❶を入れてからめます。あれば椿の葉に盛ります。

# 精進料理でおもてなし

旬の素材を盛り込み、
素材を生かす工夫を凝らした精進料理は、
普段のおかずだけでなく、
もてなし料理にもおすすめします。
野菜がたくさんとれて、からだにいいうえ、
たくさん食べても太らないことも、
喜ばれる理由です。
これまでにご紹介した料理と合わせて、
春の集まりや、ワインパーティに
ぴったりのメニューを紹介します。

〈作り方は100ページ〉

## 春の集まりに

精進ちらしずし
れん餅のあんかけ
うどの紀州和ぇ
新じゃがとそら豆のきんとん
梅若汁

桃の節句や、お花見など、春は集まりの多い季節。
そんなときは、彩りも華やかな精進ちらしずしを
大皿に盛って、テーブルへ。
漆器や染め付けといった骨董の器に、
現代の白磁の器を組み合わせて、
落ちついた中にも華やぎのある食卓を演出してはいかが？

# ワインと合わせて

精進料理とワインの会。そんなパーティもしゃれています。
ワインを使った精進料理が、根菜の甲州煮です。
里芋には白ワインを、れんこんには赤ワインを使って二種類用意します。
車麩のステーキもどきや、プルーンとにんじんのはちみつ煮など、
料理から会話が弾むこと、間違いありません。

〈作り方は101ページ〉

里芋の甲州煮、れんこんの甲州煮
春菊と菊花の柚香和え
車麩のステーキもどき
いり豆の紅しょうが揚げ
こんにゃくのピーナッツ揚げ
プルーンとにんじんのはちみつ煮

96～99ページの作り方

# 春の集まりに

## 精進ちらしずし

〈材料〉

米2カップ　だし昆布6cm角1枚　すし酢（酢、みりん各大さじ3　塩小さじ1）干し椎茸4枚　高野豆腐2枚　平ゆば少々　にんじん1/2本　みりん、酒各大さじ2　しょうゆ大さじ1　れんこん1節　甘酢（酢、みりん各大さじ2　塩小さじ1/2）　菜の花4～5本　ふき1本

〈作り方〉

❶米はとぎ、2カップの水に昆布を入れて炊きます。

❷干し椎茸は2カップ強の水で戻して、薄切りにし、戻し汁はとっておきます。高野豆腐は熱湯につけて戻し、1cm角に切ります。ゆばはぬれた布巾にはさんで戻します。にんじんはいちょう切りにします。

❸干し椎茸の戻し汁2カップに、みりん、酒、しょうゆを合わせ、椎茸、高野豆腐、ゆば、にんじんを煮ます。

❹れんこんは薄い輪切りにし、ゆでて、甘酢につけます。

❺菜の花は塩ゆでし、2～3cm長さに切ります。ふきは、塩少々（分量外）をふって板ずりし、ゆでて皮をむき、小口切りにします。

❻炊き上がったご飯に、すし酢を混ぜてすし飯を作り、汁気をきった❸と❹、❺を混ぜ込みます。

## れん餅のあんかけ

●作り方は50ページ参照

れん餅を小さめに作り、ぎんなんとにんじんの代わりに、ゆでた小松菜をあんに入れます。

## うどの紀州和え

●作り方は41ページ参照

## 新じゃがとそら豆のきんとん

●作り方は38ページ参照

枝豆を空豆に代えて作り、ラップに包み、茶巾に絞ります。

## 梅若汁

●作り方は86ページ参照

## ティータイムに

### 桜のかるかん

食後のティータイムは、香り高い中国茶で寛ぎのひとときを。長芋を使ったかるかんは、桜の花の塩漬けを添えて春の宴にふさわしいお菓子に仕上げました。

●作り方は95ページ参照

桜の色をいかすために、三温糖の代わりにはちみつ大さじ3を加え、ブルーベリーの代わりに、桜の花の塩漬けをのせて蒸します。

# ワインと合わせて

## 里芋の甲州煮

〈材料〉
里芋10個　白ワイン2カップ
みりん大さじ1　塩小さじ½

〈作り方〉
❶里芋は皮をむき、塩でもんでぬめりを取り、大きいものは半分に切り、ゆでこぼします。
❷水2カップにワイン、みりん、塩を合わせ、里芋を入れて、アクを取りながらやわらかくなるまで5〜6分煮ます。

## れんこんの甲州煮

〈材料〉
れんこん2節　赤ワイン2カップ　みりん大さじ2　塩小さじ½

〈作り方〉
❶れんこんは皮をむき、1㎝厚さの半月に切り、酢水にさらします。
❷水2カップに、赤ワイン、みりん、塩を加え、れんこんを入れて10〜12分煮含めます。

## 春菊と菊花の柚香和え

●作り方は48ページ参照
黄菊の代わりに、赤紫色の菊花を使います。

## 車麩のステーキもどき

●作り方は58ページ参照
カラーピーマン（赤・黄）は、グリルで黒くなるまで焼き、表面の薄皮をむいて、食べやすい大きさに切り、車麩の間にはさんで盛り合わせます。

## いり豆の紅しょうが揚げ

●作り方は68ページ参照

## こんにゃくのピーナッツ揚げ

●作り方は91ページ参照
こんにゃくは大きめにちぎり、ピーナッツは粗く刻みます。

## プルーンとにんじんのはちみつ煮

●作り方は73ページ参照

# 精進のこころ

藤井宗哲

## 宇宙のすべてをいただく

まず、「精進料理」の「精進」という言葉である。

古代インド語（サンスクリット）の、ビィーリヤの漢語である。語意は、悪行を制し、善行を修すること。漢語本来の意味は、純粋で充実した心身を磨く。つまり、自ら励行努力する、と解釈していい。

この語は、諸経典に見られる。その一例を釈尊最後の御説法と伝えられる『遺《ゆい》教経《きょうぎょう》』から少し長いが引用しよう。

「もし、勤めて精進するときは、則ち事として難き者なし。是の故に、汝等当《まさ》に勤めて精進すべし。たとえば少水も常に流るるときは、則ち能く石を穿つが如し。もし、行者の心しばしば懈廃《けはい》すれば、たとえば火を鑽《き》るに未だ熱からずして而《しか》も息《や》めば、火を得んと欲すといえども、火を得べきこと難きが如し。是れを精進と名《なづ》く」と。

ぼくなりの解釈だけれど、精進とは「一生懸命生き、ながらえる」。つまり、右も左もない。善も悪もない。お釈迦様のいわれる「中道を全うする」。中道とは、純につながる。年六十の声を聞いて確認した。いや、これは頭の中だけかも知れない。全身で受けとめていない、と思っている。死ぬまでの、ぼくの課題となろう。

精進とは、さらに突っ込んでいえば、善も悪も、美も醜も、大も小も、浄も汚れも、真も偽も、宇宙のすべてを包み込み、いただくことである。

偽といえば、精進料理の世界では「もどき」、もしくは「見立て」という。植物を動物に作り変える。つまり、一種の遊びである。坊さんの肉食願望か、とよくいわれるが、そうではない。ぼくは、これこそ坊さんのゆとりの心の表われと思っている。じゃが芋をすりおろし、焼きのりに塗って揚げる。これを蒲焼きもどきという。遊びの中に、一生懸命生きる。生きるとは、しゃかりきになるな、と解釈している。

「精《しょう》進《じん》潔斎《けっさい》」というが、潔斎とは、サンスクリット語の漢訳ではなく、古くからの漢語だ。儒教からきたと思われる。『説苑《ぜいえん》』という、前漢時代の説話集に、「必ず潔斎をし、思いを精す」とある。意味は、心身を潔めて悪行をしない。あの人を陥れて出世をしようとか、人をごまかして、一銭でも多く得ようとか、とことん飲んだり、あの女性とデートがしたいとか、それらを慎む、そう理解している。

あたりまえといえばそれまでだが、「精進潔斎」は、神仏の前、いわば天地の中で生かされていることへの慎みであろう。六十を過ぎた今、やっと多少わかりかけた。

## 〈食材〉と共に生かされる

精進料理というのは、ご承知のとおり、山菜、野菜、根菜、海草、果実、種子、乾燥もの、植物性加工品など、動物のように逃げないもの、植物性食物だけで調理した料理をいう。だから調理とはいわない。調菜という。調菜とは和につながる。仏教思想にもとづいて、寺院内でいわゆる精進修行をする上で、ただ、肉体を保するための食餌である。極端にいえば、生きている証明のための食とでもいえようか。

一方で、仏教の普及、祖先崇拝とが一致し、仏教信者においても物忌み、つまり近親者の忌日などの食事となった。六世紀初頭に仏教が伝来して以来は、精進料理という言葉は使われず、単に「精進物」といっていた。意味は、敬って〈食材〉と共に生かされる、そう理解している。たとえば『枕草子』に、「思わぬ子を法師になしたらむこそ心苦しけれ。ただ木の端などのように思いたるこそいといとほしけれ。精進物のいとあしきをうち食い」とある。いとあしきとは、粗食である。精進物である。ついでにいえば、肉や魚の類を美物といった。

今日いうところの精進料理の形式が整ったのは、禅宗の移入と同時期の、鎌倉末期から室町初期である。いうまでもなく、中国より禅僧の帰朝

僧・来朝僧によってもたらされた。同時に、それまで知らなかった炒め料理、揚げものなどのレパートリーも広がった。その最たるものの一つが「けんちん汁」であろう。禅院の料理が当時のインテリ階級にもてはやされ、次第に茶道の懐石料理に結びついた。

そこで精進料理という言葉である。これは江戸初期に入ってからである。元禄十年（一六九七年）に『和漢精進料理抄』が刊行される。和は日本旧来の料理で、漢は普茶料理である。これは本邦初の精進料理の専門書であり、この本によって、文字の上だけにせよ使われるようになった。そして、この頃から、精進料理は、寺院とは別に一つのジャンルを確立させた。

## 季節のパワーが心身を養う

精進料理の特色である。まず、「淡」を尊ぶ。明朝の末期に中国の洪自誠が、『菜根譚』の一書を世に出した。人生とはどうあるべきか、という一種の修行書である。その中の一句に、「濃肥辛甘は真味に非ず、真味只是淡」とある。淡とは、

仏教でいう中道。儒教では中庸。つまり、極端に片寄らない。真っすぐ、と理解していい。俗にいう淡々たる生き方である。さらに「飽き」がこない。飽きがこないから、持続する。

禅の修行道場では、朝はお粥、たくあん、梅干し。昼は、麦飯、みそ汁、たくあん。夜は、おじや、たくあんである。粗食といえば粗食であるが、だれ一人病気にならない。それに作務《さむ》といって、労働がきつい。睡眠も四時間ほどである。それでもよく続いたのは、野菜のみ、精進料理の生活だったからである。野菜は血をきれいにし、内臓諸器を掃除してくれるとよくいわれる。また、牛や豚、鶏と違って、逃げない。春夏秋冬に応じて食べさせてくれる。日本という国は、ほんとうにありがたいと思う。四季折々の野菜、山菜がいただける。つまりその季節のパワーを、われわれはいただいているのだ。宇宙と一体なのである。精進料理は、肉体を作りもするが、心も養ってくれる。

精進料理といっても、たとえば京都と鎌倉では、味も料理法も異なる。京都はどちらかといえば淡味だ。鎌倉は逆に濃い。それと、見た目にも、京は全体に淡い色に仕立てあげる。それが関東関西

の違いといえよう。たとえば、ごま豆腐を見ても、鎌倉は、しょうゆ、わさび。京は、しょうがのあんかけにしてみたりする。切り方も、けんちん汁を一つとってもみても、鎌倉は乱切り、京は細切りである。鎌倉は武士の風か、男性的。ダイナミックを良しとする。京都は堂上貴族の風で、デリケートなのである。まぁ、いってみれば、品良しなのである。女性的とでもいえようか。同じ料理でも、やはり気候、風土というのは動かしがたい。

## 精進料理は和みの味

料理の世界には「五味」「五色」「五法」という言葉がある。五味とは、甘い、辛い、酸っぱい、塩味、にが味をいう。それにぼくは山菜のもつ、独特のえぐ味を加えたい。頭脳や身体の細胞、神経を刺激してくれる。このえぐ味を、どういうわけか、あまり評価してこなかった。ぼくには理解できない。えぐ味は春の味だと思う。冬の衰えた心身を活性化してくれる。

　五色とは、赤、黒、緑（青）、白、黄色である。地球上の基本原色とでもいおうか。それにぼくは

茶を加えたい。茶といえば、ぼくはほうじ茶を思う。ほうじ茶の持つ鄙《ひな》びた、そして落ちついた味わい。ほっとさせてくれる。煎茶は思考させてはくれる。だが、ほうじ茶はやすらぎを与えてくれる。もっといえば、まろやかに包んでくれる。おおらかにしてくれるといっても、決してオーバーではない。お婆さんが孫をゆったりと抱く。そんな連想をする。

　次に、五法。生、煮る、蒸す、揚げる、焼くをいうが、それに「炒める」があってもいいと思っている。「炒める」は、日本古来の食生活にはなかったと思う。おそらく、鎌倉時代に禅僧の帰朝、中国僧の来朝によって、炒める技法が入ったのではないか。前にも述べたが、けんちん汁。これは最初にごま油で根菜を炒める。炒めることによって、その素材を再生させる。同時にその野菜の持ち味をぎりぎりいっぱい引き出す。けんちん汁をよく作るが、それぞれの野菜が個性を出しながら、油によって平等化といえば、少し大袈裟だが、仲良しになる。つまり、「和」そのものといっていい。一つの個性味が寄り集まって、さらに奥深く、太くしてくれる。

茶飯がお婆さんの味なら、具だくさんの焼き飯は、じゃあなんだろう。「そんなことあたりまえ、わかりきったことじゃないか」と、いわれそうだ。母が作ってくれれば、母そのもの。父が作ってくれれば、父そのもの。炒めの味とは、親そのものの味である。だから、おいしい、まずいなど関係がない。要するに炒めるとは、長所、短所はともかくとして、包み込むことだと思う。

ご飯を炊く心得として、「はじめちょろちょろ、半ぱっぱ……」と、教えられた。しかしだ。炒めはちと違う。半ぱっぱではなく、のっけから強火にする。そして一気に手早く、地球一周を走るようにダイナミックに炒める。フライパンのように、まあるくまあるく。しんなりしてきたら、調味料を入れ、今度は火力を弱くして静かに炒める。これは中国のコックさんに教わったことである。ぼくは、晴れた日は、毎朝海岸を散歩する。磯で魚釣りをしている人たちをよく見る。魚がかかると、一気にリールを巻いて魚を引き寄せる。近くにくると、ゆっくり泳がせながら徐々に上げる。それがコツだと聞いた。炒めものと同じだなぁと、奇妙な連想をしたことがある。

## わが山庵の知恵料理

精進揚げでは、時としてかき揚げをする。一般には、高温でさっと揚げるが、かき揚げはそれではよくない。中温からやや高くなってきたら、タネを入れる。そして裏を返し、表を返すこと、三、四回。揚げて気づいたことに、にんじん、ごぼう、れんこん、さつま芋、里芋など、地中のものは、油と相性がいい、ということであった。そうそう、ごぼうは年に二度とれる。春ごぼう、秋ごぼうという。春だったか、土つきの掘りたてをいただいた。早速、やや大き目のささがきにした。ごま油としょうゆを合わせ、小皿に盛ったごぼうにふって数分置いていただく。わが家は麦飯で、それがよく合うのだ。白的（米だけのご飯の僧侶用語）だと、ピンとこない。ごぼうは麦飯とも相性がいいのだと気づかせられた。

相性で思いついたのだが、ごぼうとにんじんのきんぴらをした。ごぼうはマッチ軸の太さ、にんじんはその倍。サラダ油で炒めた。普通、炒めものといえば、硬いものを先に少し炒めるが、このときは同時に入れた。味つけはしょうゆだけ。ごぼうは、にんじんよりやや少なめにした。しょうゆ味だけだから、にんじんから出る甘みを利用しようと思ったからである。これは正解だった。

もう少しごぼうにこだわる。山ごぼうのみそ漬けがあるが、山ごぼうは、わが山庵では手に入らない。それならというので、秋ごぼうを買ってきて、皮をよく洗い、厚くてやや長めのささがきにして、ガーゼに包み、愚妻さんの仕込んだみそに漬けた。翌日、まだ味わいがない。二日目の夜になってやっと味がしっとり、まろやかになった。歯ごたえとその味わい。酒が進んだことはいうまでもない。みそは、今はやりの言葉でいえば、世界中で最高の健康食品である。みそ汁だけに使うのでは、みそに申し訳が立たない。

お酢も同様である。毎日とはいわないが、世間さまに比べれば比較的多くいただいている。大根が残れば、軽く塩もみして、水洗いし、半日ほど陰干しをする。それをバットに並べ、お酢をさっとかけておくだけ。そうそう、たかの爪を二本入れて。即席の千枚漬けと、わが家では呼んでいるが、これは麦飯より、白的がぴったりだ。

精進料理は、高野豆腐、かんぴょうなどの乾物もよく利用する。高野豆腐を煮しめ、溶いた小麦粉にくぐらせ、パン粉をまぶして揚げる。もちろん四分の一に切ったものである。溶いた小麦粉に塩としょうゆを入れてである。高野豆腐とパン粉。和洋折衷といったところか。これは僧堂では受けた。何しろ雲水は二十代から三十代始めの若者だから。時には到来もののチーズをはさんだりしたこともあった。

かんぴょうも煮しめ、二、三本束にし、揚げ衣にくぐらせ、パン粉の代わりに托鉢米をまぶし、揚げる。その炒め油も、新しいものより二、三度用いたのが、コクがあっていいような気がするのだ。

一時期、グルメ、グルメと騒いだ。肉や魚料理がメインである。それと洋風なのである。日本人は付和雷同型だから、誰もが走った。そのうち成人病云々である。ぼくは密かに思った。つけが回ってきたのだと。当節は精進料理の良さが見直されていると聞く。やっと落ちついた時代になったのだ。文化が高くなってきたんだと思う。

**藤井宗哲**（ふじい・そうてつ）

一九四一年、大阪生まれ。京都仏教大学中退後、埼玉県平林寺僧堂、和歌山県興国寺、神奈川県建長寺で修行し、その間、典座（台所役）を務める。のちに角川書店で、古典落語『三遊亭円朝全集』の編纂に携わる。鎌倉の不識庵にて、精進料理塾「禅味会」を主宰。著書に『精進料理辞典』（東京堂出版）、『ファッショナブル精進料理』（農山漁村文化協会）、『鎌倉不識庵精進料理十二ヵ月』（実業之日本社）など。二〇〇六年没。

**藤井まり**（ふじい・まり）

一九四七年、北海道生まれ。早稲田大学卒業。夫である藤井宗哲と共に、精進料理塾「禅味会」の指導にあたる。一九九二年の北京留学以後、中国の精進料理、薬膳を研究。「食と心の問題」をライフワークとし、各地で講師を務めるなど、精進料理のすばらしさを広めている。著書に『鎌倉・不識庵の精進レシピ　四季折々の祝い膳』（小社）、『こころもおいしく満たす旬の禅ごはん』（誠文堂新光社）など。



料理製作◉藤井まり
装丁・デザイン◉中野岳人
撮影・プロデュース◉石原眞澄
コーディネイト・器協力◉藪原保子
調理協力◉藤井もなか
構成・取材◉内田加寿子

本書の内容に関するお問い合わせは、お手紙かメール（jitsuyou@kawade.co.jp）にて承ります。恐縮ですが、お電話でのお問い合わせはご遠慮くださいますようお願いいたします。

※本書は二〇〇四年五月に小社より刊行された『宗哲和尚の精進レシピ』を新装・改題したものです。



鎌倉・不識庵《ふしきあん》
宗哲和尚《そうてつおしょう》の精進レシピ

二〇一七年一一月二〇日　初版印刷
二〇一七年一一月三〇日　初版発行

著　者◉藤井宗哲・藤井まり
発行者◉小野寺優
発行所◉株式会社 河出書房新社
東京都渋谷区千駄ヶ谷二-三二-二
電話　〇三-三四〇四-八六一一（編集）
　　　〇三-三四〇四-一二〇一（営業）
http://www.kawade.co.jp/

印刷・製本◉凸版印刷株式会社

Printed in Japan
ISBN978-4-309-28657-0